내 안에 살아 있는
관계 유산

내 안에 살아 있는
관계 유산

가까운 관계와 나를
편안하게 만드는
치유의 심리학

이레지나 지음

라이프앤페이지
Life&Page

'관계의 의미'를 찾아서

우리 삶 속에는 모두 사람이 담겨 있습니다. 사람과 사람이 연결되는 관계 속에서 우리는 생의 의미를 찾습니다. 사람의 마음이 움직여지는 순간은 존중받고 사랑받을 때예요. 단순하지만 위대하죠. 우리 내면에 흐르는 자기만의 힘을 존중의 마음으로 연결하여 관계의 의미를 전하고 싶습니다.

저의 말에 귀 기울여주고, 상처와 아픔의 이야기를 기꺼이 내어준 모든 이들에게 고마운 마음을 전합니다.

진심을 담아
이레지나

가까운 관계의 다섯 가지 시선

'가족심리학'을 오랫동안 공부했고, 상담을 한 지도 40년의 세월이 흘렀습니다. 그동안 사회문화적 배경이 많이 달라졌고, 상담과 심리학을 바라보는 관점 역시 변했습니다. 하지만 지금까지도 변하지 않는 것은 '사람'에 대한 관심, '관계'에 대한 욕구입니다. 많은 것이 변할수록 오히려 관계에 대한 갈망은 더욱 깊어지는 듯합니다.

저는 관계 중에서도 '가깝고 친밀한 관계'에 대해 이야기해보고자 합니다. 제가 평생을 해온 일이, 이 관계가 중심이 되어 마음을 회복하는 일이기에 더욱 애정 어린 연구와 관찰을 할 수 있었습니다.

이 책에서는 크게 다섯 가지의 주제로 '관계'를 다루었습니다.

첫째, 우리 삶을 지키는 관계를 위해 '나와 타인'을 어떻게 존중할 것인지 전합니다. 특히나 자기와의 관계 회복이 중요하기에 제 가슴에 깊이 남았던 상담 사례와 함께 '존중의 가치'를 이야기합니다.

둘째, 가까운 관계가 건강해지기 위한 핵심적인 요소는 '자기 분화의 확립'입니다. 상담을 할수록 인간의 지향점인 '안전기지'를 위해서는 연결과 독립이 이루어지는 '자기 분화'가 매우 중요하다는 것을 절감합니다. 아직 잘 알려지지 않은 '분화와 미분화'의 개념을 설명하고, 주목할 만한 사례들을 다루었습니다.

셋째, 우리는 관계를 맺을 때 자기만의 관계 유형을 형성합니다. 인간은 저마다 삶의 이야기, 역사가 있습니다. 지난 삶 속에 차곡차곡 이루어진, 무의식적인 자신의 관계 패턴을 돌아봅니다. 그리고 병리적인 부분이 있다면, 이를 이해하고 해결할 수 있는 방향을 제시했습니다.

넷째, '가족치료' 관점으로 상담에서 관계를 어떻게 다루는지 실질적인 방법을 담았습니다. 가족치료에서는 나를 중심으로 세대를 잇는 전체적인 관계를 살펴봅니다. 처음에는 뿌옇게 보이다가 선명해지는 이야기 속에서 감동적인 진실을 볼 수 있습니다.

다섯째, '건강한 자기 분화'와 '안전하고 편안한 관계'는 모두 균형감에서 출발합니다. 극단으로 치우치지 않도록 관계의 중심을 잡고, '적절한 감정 다루기'와 '효과적인 의사소통'을 통해 관계 개선의 방향을 짚어보았습니다.

가족심리학자로서, 관계에서도 면면히 흐르는 고유의 모양이 있음을 알게 되었습니다. 가끔은 내면의 심연에서 아름답고 놀라운 모습들을 발견하곤 합니다. 시선을 돌리고 시야를 넓히면 더 많은 것이 보입니다. 미처 깨닫지 못한 가능성과 잠재력을 확인하고, 관계 속에서 자기만의 이야기를 쓸 수 있기를 바랍니다.

책에서는 상담 과정과 가족치료 내용이 치유의 방법으로 자주 등장하지만 모든 관계의 회복이 이 길로만 통하는 것은 아닙니다. 제가 소망한 것은 보다 더 자신을 사랑할 수 있기를, 더 깊고 따뜻하게 자신을 바라봐주길 바라는 마음이었습니다. 치유의 본질적인 힘은 자기 자신에게 있습니다.

삶의 결정적인 순간은 때로는 소리 없이 은은한 숨결로 다가옵니다. "괜찮아" 툭 던지는 낮은 목소리에도 인생을 들어올리는 힘을 느낍니다. 일상 속에서 작지만 힘 있는 이야기를 자주 들려주세요. 관계의 길을 잃을 때 '너와 나'를 위한 진심을 전해주세요. 그렇게 우리는 희망으로 나아갈 수 있습니다.

목차

가까운 관계와
나를 이어주는
존중

관계와 상담,
존중받는다는 것

    심리치료는 우리가 겪는 고통과 혼란 속에서 그동안 미처 발견하지 못한 삶의 의미를 만들어내는 과정입니다. 어느 날, 그런 생각이 들더라고요. 내담자들이 어떤 마음으로 상담실을 찾아오는 걸까. 극한의 외로움일까, 낭떠러지에 다다른 절박함일까. 아무것도 할 수 없다는 절망감일까. 어쩌면 그들에게는 온전히 자신의 이야기를 들어주고 의미를 찾아줄 누군가가 필요한 것은 아닐까 하고요.

    최근에 어떤 사람이 상담을 하기 위해 찾아왔어요. 온화한 얼굴 뒤에 드리운 근심이 제 눈에 보이더라고요.

"어떤 것 때문에 저를 찾아오셨나요?" 이렇게 고민이 뭔지 알아봤더니 자신은 상담가이고, 정말 좋은 상담을 하고 싶대요. 그래서 상담 시작하기 전에 '정말 잘해야지, 도움이 되어야지, 어떤 것들은 하지 말아야지' 다짐을 한다고 해요. 그런데 상담을 열심히 하고 나오면 '내가 하지 말아야 될 걸 또 했네' 하면서 자괴감이 밀려온다는 거예요. '왜 이렇게 안 되지' 하면서 자책하고요. 그래서 제가 이렇게 얘기를 했어요.

> "상담 중에 안 된 부분에 대해서 더 많이 생각하시는 것 같아요. 잘 안 된 것에만 초점을 두어서 그렇지 상담 시간 50분 중에 잘한 부분도 분명 있을 거예요. 발견하지 못했을 뿐 그 부분을 더 찾아보기로 해요."

그 이야기를 듣자마자 왈칵 눈물을 터트리며 말을 잇지 못했어요. 한참을 고개를 숙이고 가슴 한쪽을 매만지더라고요. 어떤 부분이 건드려진 거겠죠. 그러면 저 역시 그 시간을 돌아보게 되더라고요. 그 사람은 '내가 잘못한 부분뿐만 아니라 잘한 부분이 있었지' 이런 생각이 들 수도 있고요. 그래서 그 부분을 충분히 존중해줬어요.

"당신은 좋은 상담가예요. 상담 시작하기 전에 그렇게 마음을 많이 모으고, 좋은 상담을 하기 위해서 애쓰는 부분이 있는 거잖아요."

우리는 살아가면서 우리가 지닌 많은 부분을 못 보고 지나칩니다. 그리고 상처를 입고 또 그 상처를 회복하려고 애를 쓰죠. '확증 편향Confirmation Bias'이라는 말이 있어요. 자신이 보고자 하는 것, 주목한 부분만 보인다는 거죠. 하지만 자신이 눈치채지 못할 뿐 정말 다양한 가능성이 숨 쉬고 있거든요. 부모로부터 이어졌든, 내 안의 고유한 가치든 정말 우리 안에는 무궁무진한 것들이 있어요. 우리가 못 보고 지나치는 면을 발견할 수 있는 마음가짐이 필요해요.

그리고 사랑은 연결이 돼야 잘 느낄 수 있습니다. 상담에서는 어떻게 연결이 일어날까요? 상담이 시작되면, 내담자와의 관계를 쌓기 위해서 내담자의 이야기를 많이 들어줍니다.

"많이 힘들었겠군요. 그 힘듦으로 인해 삶의 질이 얼마나 떨어졌나요?"

이렇게 먼저 들어주는 작업을 합니다. 기초 작업을 해서 위안을 받고 나면 '내 편이 있구나' 생각이 들면서 자존감이 높아지는 거죠. 내가 허기진 상태에서는 남도 배고파요. 그러면 내 것을 내주기가 어렵습니다.

"분명 어려운 점이 있었어요. 그래도 이 과정을 잘 통과하는 것을 보면 내면에서는 선한 의지가 있는 거예요."

그리고 내담자의 이야기를 통해 눈여겨봐야 할 부분에 집중합니다.

그리고 상담을 통해 심리적인 욕구를 채워줍니다. 그러면 배가 불러지는 거예요. 결핍이 아니라 충만해진 상태가 되는 거죠. 그럼 이제 세상을 보는 시선이 넓어지거든요. 이때는 이야기를 더욱 확장시켜보는 건데요. 만약 관계가 힘들다면 상대방이 부족하다고 했지만, 상대방 입장에서는 또 어땠는지 살펴볼 필요도 있어요. 처음부터 다른 입장을 헤아려보라고 하면 꽉 막혀요. 하지만 내 마음의 보유고가 넉넉하면 다른 것이 보여요. 그러면 지금껏 보이지 않았던 관계가 눈에 보이기 시작합니다.

우리는 내가 무엇을 하는지 눈여겨볼 필요가 있어요. 그리고 그 과정을 통해 내가 삶 속에서 어떤 패턴을 그리고 있는지, 그리고 그 패턴을 다른 사람에게 어떻게 적용하고 있는지 알 수 있어야 해요.

모든 아픔은 지나간 시간에 일어난 일입니다. 시간은 되돌릴 수 없어요. 가장 힘을 가지고 있는 건 현재입니다. 그래서 전 충분하게, 또 건강하게 자신의 마음을 끌어올려 과거의 상처와 아픔을 마주보고 현재의 힘을 빌려 '가까운 관계의 본질'에 대해 비춰보려고 해요.

"도대체 그 사람은 왜 그러는 거예요?"

상담에 오면 자주 묻는 질문이에요. 정말 그 사람의 진심은 무엇인지, 어떤 것이 걸려서 나를 괴롭히는지, 나에게 왜 그랬는지 궁금한 거죠. 그런데 그 사람의 진실은 100퍼센트 알 수 없어요. 아이러니하지만 관계를 올바로 보기 위해서는 타인보다는 나에 대한 이해가 제일 필요합니다.

나에게 가장 걸리는 부분, 나를 가장 아프게 하는 부분, 그럼에도 나를 힘 있게 만들어주는 부분, 혹여 놓치고 있는 것들을 제대로 건져서 들여다봐야 합니다.

상담은 저에게 많은 통찰을 주었고, 관계를 새롭게 들여다보게 했어요. 같은 상황이라도 내담자의 마음 변화로 많은 것이 달라지는 것을 봅니다. 우리 삶이 늘 희망과 긍정이 넘치지는 않죠. 때로는 슬픔의 배경이 드리우고, 마주하고 싶지 않은 현실의 이야기들도 볼 수 있습니다. 하지만 희망을 구하는 깊은 지혜가 우리의 삶 속에 놓여 있습니다.

관계 때문에 어려움을 겪고, 때로는 관계로 인해 헤아릴 수 없는 상처를 갖고 있는 이들이 인생의 희망을 찾을 수 있도록 '가까운 관계를 어떻게 이해해야 하는지', '관계에서 존중은 어떤 힘을 발휘하는지', '내가 가야 할 길은 어떤 방향인지' 살펴보도록 하겠습니다.

몸에 스민 슬픔을
돌려놓기

너무나 놀라운 실험이 있어요. 아기를 가진 임신부들한테 아직 보지 못한 자신의 아기를 찰흙으로 빚어서 만들어보라고 합니다. 이 실험에 참여한 사람들은 모두 엘리트 직군에 있었습니다. 그런데 어린 시절 어떤 경험이 있었는지에 따라 불안정애착 유형에 있었던 사람들은 뱃속의 아기에 대해서 형체가 있는 듯 없는 듯 성의 없게 만들어내요. 그런데 안정애착 유형인 사람들은 개월 수에 맞게 정말 정성스럽게 아기의 모습을 만들어내요.

내가 존중받지 못했으면 남을 어떻게 존중해야 하는지도 잘 모르고 성의 없게 표현하게 되는 거죠. 그런데 안정애착 유형의 사람들은 공을 들여 아기의 형체를 만들어내고 가상의 아기지만 정말 소중한 대접을 하며 모습을 표현합니다.

"이건 무의식적인 마음의 표현이에요. 가만히 생각해보면 어머니에게서 잉태되고 성장했을 때 존중받지 못했다는 무의식적인 느낌이 있을까요? 어머니는 당신을 임신하고 어떤 마음이셨을까요? 어머니가 임신하고 너무 힘들고 후회하는 마음이 이 표현 속에서 깊은 슬픔으로 드러난 것일까요? 정말 슬픈 일이지만 내 존재가 어머니를 더 힘들게 한 건 아닐까, 이런 생각까지 갖게 된 것일까요?"

이런 것들을 통해서 한 번도 제대로 펼쳐보지 못한 자기 마음들과 생각을 내보이는 거죠.

'무의식적으로 빚어낸 몸의 형상' 이야기를 들여다보면 너무 슬픈 이야기에요. 본능적인 자아상인 거예요. 왜 이렇게 성의 없이 빚었냐고 비난할 수가 없어요. 자신이 받은 섬세한 감각을 무의식이 기억하고 있습니다. 마찬가지로 자신이 받은 거친 감각과 반응해주지 않았던 손

길을 무의식이 기억하고 있는 거예요.

존재에 대한 긍정적인 피드백이 얼마나 강력한지 몰라요. 아무리 울어도 반응 없는 환경에서 자라는 삭막함을 몸이 기억한다고 생각하면 인간에게 따스한 접촉이 생존을 위한 절대적인 조건임을 다시 한번 깨닫게 돼요.

말로 딱 표현할 수 없고, 명확하게 제시할 수는 없지만 어린 시절을 떠올리면 따뜻하게 스미는 느낌, 또는 굉장히 서늘하고 차갑게 느껴지는 것들이 있을 거예요. 인간은 태어날 때 너무 연약하고 불완전한 존재이기에 자기 스스로 어떻게 할 수 없었던 문제이기도 해요.

어렸던 나, 누구에게도 도움을 청할 수 없었던 아이는 잘못이 없잖아요. 그렇게 못 받은 사랑의 슬픔을 긴 인생을 살아가면서 반복하며 살아갈 수는 없어요. 또다시 내 아이에게 빈약한 사랑을 주고, 관계를 갈구하며 살 수는 없어요. 이 슬픔이 여기서 끝나야 돼요. 깊게 들어가보면 부모가 분명히 놓친 부분이 있는데, 그 놓친 부분이 결코 악의나 부주의만으로 된 것은 아니에요. 또 그럴 만한 사정이 있었을 거라고 전제해요. 악으로만 묶어두면 풀 수 없는 것들이 많아요.

존재에 대한 존중, 몸에 대한 존중, 마음에 대한 존중, 결국엔 이런 근본적인 존중이 우리 인생에서 궁극적으로 채워져야 할 방향이란 생각이 들어요. 관계에서 갈등이 생길 때는 내가 존중받지 못했다는 실망감 때문인 경우가 많거든요. 나에 대해 낙담할 때는 나에 대한 존중이 채워지지 않을 때거든요. 그래서 전 '존중'이라는 키워드를 깊이 다루어요. 존중이라고 해서 한없이 높게 자신을 평가하는 것이 아니라, 자기 존재 그대로 채워지는 충만함이 존중이에요. 그것이 우리가 풀지 못한 관계를 해결할 중요한 단서입니다.

저는 상담은 내담자 내면의 깊은 지층에 있는 관계 패턴을 수면 위로 올려 이를 납득할 수 있도록 인지하게 하고, 자신을 둘러싼 뿌리를 알아봄으로써 자신의 역사를 이해하고 긍정적인 방향으로 인생의 실마리를 풀어가는 과정이라고 생각해요.

상담도 관계를 맺는 과정이에요. 지난 삶에서 내담자가 맺지 못한 관계를 상담가가 대신해서 해주는 거예요. 거기서 건강한 발견을 하고, 낮아진 자존감을 끌어올리고 당신은 존중받을 가치가 있다는 것을 근거 있게 제시해주는 것입니다.

이때 상담가는 내담자의 편이 되어주어야 해요. 무조건 옳다고 하는 것이 아니라, 내담자의 이야기 속에서 좋은 것을 찾아내 맺어주는 거죠. 이 과정에서 신뢰할 수 있다는 마음이 들면 내담자는 자신의 진짜 이야기를 할 수 있는 거예요. 이건 상담뿐만 아니라, 삶의 어떤 것이든 공통적으로 맞닿아 있어요. 내 편이 있다는 것, 내가 가진 좋은 것을 발견하고 인정해준다는 것이 얼마나 든든한 힘이 되겠어요.

그러면서 내가 나를 받아들이고, 나하고 괜찮은 관계를 만들어가는 거죠. 결국은 자기와의 관계를 다루는 거예요. 나를 건강하게 살리는 작업이 필요해요. '내가 괜찮은 사람이구나, 내가 이런 좋은 점이 있구나' 자신의 긍정적인 힘을 알아가는 것은 매우 중요한 인생의 과제입니다.

관계를 잘 맺기 위해,
내 존재를 받아들이다

기억에 남는 내담자가 있어요. 상담실에 들어온 순간
부터 핏기 없는 표정과 말투에서 무기력함이 느껴지더
라고요. 이 내담자의 살아온 이야기가 참 안타까웠어요.
중학교 때 부모가 이혼을 하면서 아빠는 새 사람을 만나
떠나고, 엄마는 언니들은 데리고 갔지만 내담자는 방 하
나를 얻어주고 얼마간의 생활비는 보내주기로 하고 두
고 갔다고 해요. 엄마가 이 내담자를 무척 미워했는데 왜
그런가 보니, 이 내담자가 태어난 뒤 아빠의 외도가 있었
다고 합니다. 그리고 유독 자신을 닮은 아이를 예뻐하는
남편에 대한 실망감과 함께 복합적인 감정과 미움을 아

이에게 쏟아부었던 것 같아요.

'너로 인해 우리 가정이 망가졌다.'
'너가 태어나면서 잘못되기 시작했다.'
'너는 네 아버지와 똑 닮아 모든 게 밉다.'

이런 메시지를 지속적으로 아이에게 주었고, 아이는 성인이 되기도 전에 덩그러니 버려졌어요. 어린 시절부터 엄마의 냉랭함과 공격적인 반응에 익숙했고, 가끔 보는 아빠는 사랑을 주는 듯했지만 그마저도 일관적이지 않고 무책임한 모습을 보였습니다. 내담자는 잘못도 없이 부모에게 방임당한 거예요. '부모가 어떻게 그럴 수 있을까' 혼자서 어렸을 때부터 감내해야 했을 절망과 외로움을 마주하고 보니 저 역시도 마음이 아팠습니다.

부단한 노력과 타고난 재능으로 어렵고 힘든 순간들을 버텨내 성장했는데 이 사람이 굉장히 힘들어진 시점이 결혼을 하고 아이를 낳고부터였어요. 아이가 태어나고 성장하는 모습을 보면서 끊임없이 자신과 엄마의 모습이 재생된다는 거예요. 감정 상태가 격해졌을 때는 자신도 몰랐던 공격적인 모습이 튀어나와 자신과의 싸움을 반복한다고 했습니다.

어느 순간 자신의 임계점에 도달했다는 생각에 저를 찾아왔고, 아무리 공부하고 들여다봐도 아이에게 보이는 자신의 공격성을 어떻게 처리해야 될지 몰라 어렵다고 했습니다. 더군다나 쌍둥이 중에 자신을 닮은 한 아이에게만 그 모습을 보일 때마다 어느 지점이 자신을 이렇게 건드리는 것인지 알고 싶다고 했습니다.

이 내담자는 자신의 존재 자체에 대해 죄책감과 강한 부정이 있었어요. 결혼으로 이어지기까지 남편이 굉장히 노력한 부분이 많았는데 남편을 만나기 전까지는 연인과 관계가 깊어지면 도망을 갔다고 해요. 연락을 끊어버리거나 헤어질 이유들을 찾는 거죠. 우여곡절 끝에 지금의 가정을 이루었는데 그러다 아이를 키우면서 다시 남편과의 문제도 커지는 상황이었습니다.

개인의 영역을 넘어 가족 구성원 모두를 살펴보는 가족치료에서, 가족은 전체적인 입장에서 봐야 하지만 가족 개별 구성원 한 명 한 명의 변화로도 전체의 변화를 가져온다고 봐요. 엄마이자 아내의 내적인 변화가 있어야지, 이 가족이 평온한 안정을 찾을 수 있을 것 같았습니다.

상담을 오기 직전에 아이와 크게 마찰을 빚었는데, 아이에게 보이려는 공격성을 가까스로 참아내고 방에 틀어박혀 엄청나게 울었다고 해요.

'어떻게 이 사람을 일으켜 세워야 할까. 이 사람은 정말 많은 상처를 받았구나'

평생을 눌러온 자신에 대한 모멸로 우울감이 드리워져있어서 이를 회복하기 위해 긴 시간과 노력이 필요하겠다는 생각이 들었습니다.

저는 가족치료를 하면서 가끔씩 놀라운 것을 보게 되는데요. 사람은 존중을 받으면서 자신도 깨닫지 못한 힘을 발휘한다는 거였어요. 이 내담자의 이야기에서 존재에 대한 긍정을 건져 올리고 새로운 이야기를 펼쳐주었어요. 자신의 상처에도 불구하고 정말 사투를 벌이며 나아가려는 사람이었기에 이 사람이 들려주는 에피소드에서 좋은 점을 놓치지 않고 강조했어요.

"이 세상 어느 곳에도 나와 똑같은 사람은 존재하지 않아요. 당신이 특별한 존재란 거예요. 그 외로움과 절망감 속에서도 존재가 뿜어내는 빛은 꺼지지 않았잖아요. 살아온 과정을 들여다보면 정말 훌륭해요."

이때 내담자에게는 존재에 대한 전적인 수용이 필요했어요. 인간이란 존재는 정말 오묘해요. 온전한 받아들임을 경험한 사람들은 위기와 좌절의 순간에도 끝내 일어날 힘을 가지고 있어요. 받아들이는 역할을 부모, 또는 주양육자가 해주어야 했지만 이 내담자는 경험하지 못했기에, 적극적인 마음으로 자신의 존재를 받아들이고 허락하는 과정이 따라야 했습니다. 시간이 오래 걸렸지만 깊은 상호작용을 통해 자연스럽게 존재의 이유를 받아들일 수 있게 했습니다.

사람들은 어떤 일이 일어났을 때 스스로 납득할 만한 이유를 찾고 싶어 해요. 문제가 생긴 원인이 뚜렷하지 않으면 불안해해요. 특히나 어린 자녀는 문제가 생기면 자신에게 원인을 찾습니다. 그 이상의 방법은 모르니까요. 그리고 자책하고 괴로워합니다. 하지만 때로는 많은 일들이 인과 관계 없이 일어나기도 해요. '자신'의 잘못이 아니라는 거죠.

자신의 존재에 대한 의문이 들 때, 저는 자신에 대한 존중과 선택권을 떠올립니다. 버지니아 사티어Virginia Satir 의 '나의 자존감 선언My declaration of self-esteem'을 예로 들어보려고 합니다.

첫째. '자신의 고유성'을 인정하는 것인데요. 이 세상에 나와 똑같은 사람은 없고, 나만의 선택과 행동, 감정과 생각을 인정하고 받아들이는 거죠.

둘째. '자신에 대한 주인의식'입니다. 나의 몸, 말, 행동, 감정 등 모든 것이 내 것임을 알며, 나 자신을 조절하고 관리할 수 있는 주체적 존재라고 확신합니다.

셋째. '자기 이해와 자기 사랑'입니다. 나를 깊이 이해하며, 나의 장점과 단점을 받아들이고 나 자신을 사랑하는 것입니다.

넷째. '자기 수용과 성장'이에요. 나의 어떤 것이 잘 맞지 않아도 이를 받아들이고 새로운 것으로 채워나가며 나를 이해하며 성장할 것을 믿는 거죠.

내 존재를 일으켜 세우는 것은 매우 중요합니다. 나로

부터 나오는 모든 것은 내가 선택한 것이기에 '내 존재감'
이 달라지면 관계 또한 새롭게 인식할 수 있습니다. 그리
고 전적으로 받아들여진 경험을 통해 자신의 이야기를
다시 써내려갈 수 있습니다.

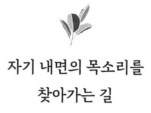

자기 내면의 목소리를
찾아가는 길

어느 날 제가 이런 질문으로 상담을 시작했습니다.

"상담의 제목을 뭐라고 붙이면 좋겠어요?"
"하고자 하는 것에 대해서 내 목소리로 확신을 갖고 싶어요."

왜 이런 고민을 하게 된 것일까? 부모로부터 분화되지 못하고 성장한 어른들은 이제 상처를 안고 살아가는 것인데요. 일상을 살다가도 어느 지점에서 '이건 아니구나' 하고 느껴요.

'이게 아닌데? 내가 무엇을 하고 싶은 거지? 난 어떤 사람이
지? 난 왜 이렇게 헤매고 있지? 무언가를 할수록 왜 답답하
기만 하지? 일을 결정하고 추진하는 것이 왜 이토록 어렵지?'

자기 난관에 빠집니다. 확신을 스스로 못하는 거예요.
남들이 보고 끄덕이면 그제야 '아, 지금 내가 잘하고 있구
나' 느끼게 됩니다. 가장 슬픈 것은 자기가 원하는 메시
지, 자기 목소리가 무엇인지 모른다는 거죠.

제가 들려주고 싶은 내담자 이야기가 있어요. 이 내담
자의 부모는 믿음직한 부모가 아니었어요. 아주 힘들게
살아온 사람들인데 가정을 이루고 나서 부모의 갈등이
매우 심했죠. 그래서 가족 전체가 다툼과 언쟁이 아주 많
았다고 해요. 아버지가 장애를 갖고 있었고, 어머니도 거
동이 불편했고요. 여러 면에서 정서적으로 물질적으로도
취약한 상태였어요.

그래서 이 사람은 부모를 생각하면 아주 불쌍하고 짠
하기도 하지만 매번 부모가 싸우는 모습을 보이니까 그
상황을 몸서리치게 싫어했어요.

그런데 이 사람은 이런 환경 속에서도 굉장히 열심히

공부해서 많은 것을 성취했고, 독립적으로 잘 자랐어요. 객관적으로 봤을 때는 많은 것을 이룬 멋진 사람으로 보이는데 결정적인 문제는 자기 확신이 없다는 거예요. 그리고 항상 눈치를 보게 된다는 이야기를 했어요. 이유를 물었더니 자기는 남들이 어떤 모습을 하고 있는지, 내 이야기에 귀를 기울이는지 살피게 되고, 또 내가 하는 생각이 맞다고 해야지, 그렇지 않으면 불안하다는 거예요.

'아, 이런 경우는 부모가 너무 나서서 끌고 나가서가 아니라 너무 방치된 상태에서 커오면서 자기 확신을 가질 수 없었구나.'

이런 생각이 들더라고요

"충분히 잘하고 있어. 오, 괜찮아. 잘하고 있구나."

이런 것들이 자기 내면의 목소리가 되어 있지 않으니까 어떻게 해서든지 타인을 통해서 확인을 받으려는 모습이 있는 거죠. 그 목소리를 찾아내기 위해서는 스스로를 자꾸 다독이는 훈련이 필요해요.

"그래, 할 수 있어. 지금 잘하고 있어."

그런데 나를 다독이고 나에 대한 단단한 느낌을 갖는 것이 쉬운 일이 아닙니다. 메마른 땅 위에 뿌리도 없는데 꽃 꽂아놓고 "그래도 한번 서봐. 용기 내서 해봐" 하는 것과 마찬가지라서 시간이 많이 걸려요. 그래서 저는 가족치료의 관점에서 이것을 적용합니다.

이 내담자를 가족치료적 접근으로 들어가봤더니, 아버지의 원가족, 어머니의 원가족 모두 많은 갈등이 튀어나왔어요.

하지만 아버지가 장애를 가진 어려움이 있었지만 굉장히 성실한 사람이었어요. 한 회사에서 꾸준히 근무해 정년퇴직까지 할 정도이고 가족에 대한 책임감을 굉장히 중요하게 생각했고요. 그런데 아버지의 역사를 짚어보니 아버지의 어머니인 할머니가 너무 유별난 사람이었어요. 괴팍하고 히스테리컬해서 아들인 아버지를 안 놓아주는 사람이었어요. 그런데 또 들여다보니 이 할머니는 남편에 대한 불만족, 결혼생활에 대한 불편함을 그런 방식으로 표출하고 있었어요.

그러면서 며느리도 구박하고 아들도 옭아매는 여러 가지로 힘든 상황이었는데 그 환경 속에서도 이 내담자는 비교적 잘 성장했습니다. 하지만 가족에 대한 힘듦 때문인지, 원가족을 들여다볼 때 지긋지긋함, 불편함, 수치스러움, 이런 것이 표현되었고요.

그런데 어느 날, 제가 내담자 할머니의 가족사진을 보게 되었는데 이전과 다르게 다가오더라고요.

할머니는 극성맞고, 평생을 할아버지, 아버지, 어머니를 구박하는 사람이었는데, 다른 시선으로 할머니의 전 세대에 흐르는 이야기를 짚어보기로 했어요.

"그러고 보면 할머니는 굉장히 명문가의 딸이었네요. 할아버지가 양반집 머슴이기는 했지만, 얼마나 괜찮은 사람이었길래 집안 사람들이 사람만 보고 사위로 삼았겠어요. 아버지도 정년퇴직을 할 정도로 한 직장에서 성실히 근무한 것으로 봐서는 집안 고유의 성실함 DNA가 있는 것 같아요."

어머니와 할머니의 고부갈등이 있을 때 5년 정도를 위태롭게 지내다가 굉장히 큰 싸움이 벌어졌고, 가까스로 어머니는 시어머니에게서 벗어날 수 있었다고 해요. 그때 저는 "어머니가 갖고 있는 당당함, 자기 자리를 되찾아가는 그 힘도 우리 한번 생각해봐요" 하면서 이야기를 조금씩 바꿔놓기 시작했어요.

이야기를 거슬러보니 부모님이 성장기 내내 사이는 안 좋았지만 자신이 태어났을 때 너무 기뻐했다는 에피소드가 나왔어요.

'아, 내가 태어나고 온 가족이 이토록 좋아했구나. 부모님에게는 내가 사랑의 결실이었어. 나를 갖기 위해 부모님이 참 간절하게 소망했고, 세상 밖으로 나왔을 때 내 존재는 축복이었구나.'

그동안은 잊고 있었어요. 수면 아래 놓여 있던 에피소드를 되살리면서 내담자의 자존감이 올라가게 됩니다. 그 과정을 통해 이 내담자 안에 뿌리가 생기는 느낌이 드는 거예요. 우리 집안은 엉망진창, 아무런 자원도 없고 피

곤하고 싸우기만 하는 집으로만 여겨졌는데 달리 보이기 시작합니다.

  '내가 그 환경에서도 중심을 잡고 성취를 이룬 것은 힘 있는 가족의 뿌리에서 나온 거구나.'

  이를 통해 이 사람에게 볼 수 없었던 당당하고 의연한 모습이 나왔어요. 이 이야기를 자기가 필요할 때 하나씩 꺼내 쓰면 되는 거예요. 나한테 힘을 주고 싶을 때, 자신 있게 내 이야기를 하고 싶을 때 쓰는 거예요. 근거 있는 이야기로 내 힘을 찾아가는 거예요.
  우리는 모두 무엇을 보느냐에 따라 현실을 바꿔놓을 수 있어요. 서로 연결시키니까 '나는 아무것도 없는 척박하고 볼품없는 곳에서 나 혼자 열심히 살아온 것'이 아니라 내가 받은 자원이 여기저기 있는 거죠. 그러면서 자기 이야기, 가족의 이야기, 부모에 대한 이야기가 모두 달라지기 시작합니다.
  자기가 높아지면서 같은 상황에서 선택이 달라져요. 내면의 목소리에 힘이 들어가요. 나로 바로 선다는 것은 결국 자기 내면에서 확신의 목소리를 찾아가는 과정인 거예요. 우리 안의 가능성에 불을 지펴보았으면 합니다. 나니까, 나로서 빛나는 내면의 목소리를 들어보기를 바랍니다.

존중의 가치를
생각하다

존중의 힘이 무엇일까를 생각해보면 자연스럽게 우리 부모님, 어머니를 떠올려요. 관계에서 존중은 관계를 오랫동안 유지하는 힘이 돼요. 돌아보면 중학교 때 저로서는 큰 상처가 되는 일이 있었어요. 역사 수업 중에 선생님 말씀에 다른 대답을 했더니 교실 앞으로 나오라고 해요. 그래서 나갔더니 "안경 벗어" 하더라고요. 그리고 안경을 벗는 순간, 얼굴이 휙 돌아가도록 뺨을 세게 맞으면서 지금껏 경험하지 못한 체벌을 당했어요.

너무 큰 충격을 받았어요. 어떻게 설명할 수 없을 정도로 수치스러움과 당혹감, 몸의 얼얼함. 복잡한 감정이

휘몰아쳤어요. 그날 하루가 삭제된 듯한 충격이었고 학교에서 내내 울었던 것 같아요. 그리고 집에 갔는데 얼굴도 퉁퉁 붓고 눈이 새빨갛게 되어 있으니 어머니가 물어보셨죠. 그래서 학교에서 있었던 일을 말했는데 "얼마나 속상했니" 하면서 마음을 어루만져주셨어요. 그런데 다음 날 예상치도 못하게 어머니가 학교에 오신 거예요.

그런데 어머니가 학교에 찾아오셨을 때의 모습이 너무 또렷해요. 어떤 모습으로 학교에 오셨냐면 깨끗하게 단장하시고 흐트러짐 없는 꼿꼿한 자세로 큰 바구니에 우리집에서 가장 농사가 잘된 실하고 반질반질한 토마토를 가득 담아, 머리에 이고 오신 거예요. 그러고는 교무실로 가서 그 토마토를 선생님들에게 나눠주셨어요. 저를 때린 선생님과 어떤 이야기를 나누셨는지 모르겠지만 그 이후 그 선생님이 저를 대하는 묘한 기류를 느꼈어요.

그 선생님에게는 "이 아이는 귀한 존재고 함부로 대할 수는 없다"는 메시지를 주신 거고, 저에게는 "내가 너를 지켜주고 있다"는 메시지를 보내주신 거라고 생각해요. 어머니다운 해결 방법이었던 거죠. 모두를 존중하면서 강하고 선명한 메시지를 주셨어요. 그때 어머니가 저를 지켜주신 것, 때로는 세상이 상처를 줘도 든든하게 어머니가 버티면서 '너는 귀한 존재니 괜찮다'라고 한 것. 반세기의 시간이 지났는데도 잊히지가 않아요.

저는 상담할 때 부모님이 주신 메시지를 제 마음 밑바닥에 든든하게 채워놓아요. 제가 상담할 수 있는 가장 강력한 동기이자 힘이거든요.

관계에 대한 존중은 그런 거예요. 우리가 모두 '존중받아야 할 인간'임을 분명히 하는 거죠. 존중은 상대방의 존재 가치를 더욱 높이며 어떤 상황에서든 우리의 삶에 의미를 부여해요.

인간은 저마다 다른 사람이에요. 그 선생님이 왜 그렇게 가혹한 체벌을 했을까, 그날 기분 나쁜 일이 있었을까. 어느 부분이 선생님의 감정을 건드렸는지는 모르겠어요. 그런데 그날을 생각하면 얼얼한 당혹감도 있지만 어머니의 단단한 울타리, 힘 있는 존중이 먼저 떠올라요.

우리가 살아가면서 맺는 다양한 관계에서도 존중이 답이 되는 경우가 많아요. 가장 처절한 삶에서 존중을 통해서 절벽 끝에 살아난 내담자의 이야기가 있어요. 어린 시절 학대와 실패의 경험 속에서 삶의 가느다란 끈을 놓으려던 청년이었어요. 그런데 그 청년을 살린 것은 그에게 끝없는 믿음을 보낸 '수녀님'의 존재였어요. 부모가 해주진 못했지만 그를 내버려두지 않고 힘껏 안아준 존재가 그를 다시 일어서게 했어요. 오랜 시간 그 청년을 지켜본 수녀님은 그에게 있는 가치 있는 것을 발견하고 끌어내 새로운 희망을 제시하고 일으켜세웠어요. 제가 상담교육을 통해 그 청년을 알게 되었고, 여러 차례 슈퍼비전으로 그 사연을 접하면서 '신은 우리 삶 곳곳에 놓여 있는 것'이 아닌가 생각하게 되었어요.

모든 사람은 다 자신이 중요한 사람이 되고 싶어 해요. 왜 우리가 인간관계에서 갈등을 빚을까요? 인간의 내면 깊은 곳에는 다른 사람에게 인정받고 존중받고 싶은 마음이 있어요. 내가 소중한 것을 내어주면 그 사람도 나를 소중하게 여겨주길 바라는 마음이 있어요. 그런 기대가 좌절될 때 인간은 상처받고 무너져요.

이때 상담에서는 잊고 있던, 그동안 알지 못했던 내담자의 긍정적인 면을 찾아줍니다.

"지금은 알지 못하지만 당신 안에 얼마나 깊고 가치 있는 것이 흐르고 있는지 몰라요. 한번 그 이야기에 귀 기울여보세요."

존중의 힘이 그렇게 발휘돼요. 당신을 받아들인다는
수용이 그 사람에게 힘 있게 일어설 수 있는, 삶을 새롭게
도약하게 만드는 용기를 줘요.

우리는 태어나면서부터 죽을 때까지 한순간도 홀로
존재하지 않아요. 우리는 일생을 살면서 누군가와 연결
되고 싶어 합니다. 깊은 교감을 나누기를, 나와의 연결을
희망합니다. 관계에서 연결감과 안정감을 원하는 것은
인간의 거부할 수 없는 본능이기도 해요. 인간은 모두 관
계 본능을 가지고 있어요.

인간이 태어나서 존재 그대로 받아들여지는 경험을
부모로부터 하게 되면, 인생을 살아가는 힘은 매우 단단
할 거예요. 사랑으로 점철된 받아들임을 경험하면 혹여
살아가면서 어려움을 겪더라도 이를 극복하고 회복하는
힘이 빨라요. 오히려 그 과정에서 더 단단해지고 뻗어나
갈 힘을 가져요. 하지만 너무나 안타깝게 그런 경험을 하
지 못했더라도, 그것이 끝이 아니에요. 다른 경험을 통해
새로운 힘을 얻을 수 있는 방법을 찾아야 해요. 우리가 살

아가는 동안 서로의 연결은 소통을 가능하게 하고 변화를 불러오는 생의 변곡점이 될 거예요.

그것을 한번 생각해보았으면 해요.

'내 마음이 편안하고 행복한 경험을 했던 순간은 언제인가'

'나의 불안과 두려움, 슬픔과 좌절을 이겨내는 힘은 어디에서 나오는가'

'내가 혼자가 아님을 어떻게 느낄 수 있는가'

'나는 어떤 상황에서 힘을 얻는가'

이 질문을 통해 내가 원하는, 세상 속에서 내 편이라 믿고 의지할 수 있는 안전기지를 찾아갈 수 있을 것이라 생각합니다. 정말 우리가 관계를 통해 무엇을 원하고 있는지, 그 관계를 다지기 위해 우리는 어떤 마음을 가져야 할지 생각해보기를 바랍니다.

스스로 만들어가는
나와의 관계

우리는 다양한 관계를 맺으며 여러 감정을 느낍니다. 특히나 가까운 관계에서는 친밀하다는 생각으로 경계를 넘어버릴 때가 있어요. 그래서 우리는 감정과 이성 사이에서 편안하게 왔다 갔다 해야 돼요. 어떨 땐 상대방에게 너무너무 서운해요. 그런데 서운함을 있는 그대로 표현하면 안 되죠.

'이것을 이성적으로 어떻게 표현하는 것이 나의 마음이 잘 전달될까?'
'내가 어떻게 이 상황들을 받아들일 수 있을까?'

이것을 같이 생각해야 됩니다.

연습을 통해 균형을 찾아가야 해요. '내가 기울어져 있구나, 내가 균형을 잃었구나' 자각하는 감각이 필요합니다. 너무 한쪽으로 기울어지면 안 되니까 공평하게 맞춰서 균형을 찾아야 해요.

어떤 사람에게 뿌리 깊은 상처가 있었어요. 성장할 때 어머니가 굉장히 큰 정신적인 병이 있었거든요. 하지만 그 상황에서도 나를 지켜내기 위해서 안간힘을 썼던 흔적들을 발견하는 거예요. 건강하지 못했기 때문에 어쩔 수 없는 부분이었지만 노력한 거죠. 너무 슬픈 이야기로는 절대로 자신의 상처를 떠날 수가 없어요. 내가 진짜 여기서부터 편안하게 떠나려면 조금 더 긍정적이고 건강한 이야기가 되어야 해요. 딱지가 생겨서 떨어질 수 있을 정도까지는 되어야 합니다.

상담치료 방법 중에 '이야기치료Narrative Therapy'라는 것이 있어요. 내담자의 입장에서 내담자에게 있는 부정적인 이야기도 새롭고 긍정적인 이야기가 나올 수 있다는 거예요. 인간은 누구나 자신의 삶에 대해서는 가장 잘 안다고 생각하거든요. 바로 내 인생에서만큼은 전문가의 위치인 거죠. 내담자가 자신의 삶을 이해하고 해석을 더하며, 또 그 안에서 의미를 부여합니다. 그러면서 새로운 가능성이 열리고, 알지 못한 의미의 발견을 할 수 있거든요. 그래서 상담 과정에서 '내담자를 존중하고, 비난하지 않으려고 노력하는 접근법'이라고 설명하기도 해요.

가령, '나는 사랑받지 못한 아이' 이런 말을 많이 하는데 그 이야기를 우리가 다시 만들어가는 거예요.

'나는 부모가 사랑하고 서로 사랑하는 순간에 만들어진 아이야. 그런데 부모가 나를 사랑하는 방법을 몰랐던 거야. 양육에 서툴렀던 거야.'

치료자는 섬세하게 내담자의 이야기를 다른 이야기가 될 수 있도록 도와줘요. 여기서의 전제는 믿는 거예요. 나도 믿고 상대방도 믿으면서 이야기를 채워가는 과정이 필요합니다. 스스로 만들어가는 균형감으로 '내 이야기의 주인공은 나'라는 시선으로 이야기를 만들어가요.

많은 사람들이 관계에서 받는 자신의 상처를 생각할 때 가장 먼저 부모를 떠올리게 됩니다. 자녀에게 돌이킬 수 없는 상처를 준 부모가 있습니다. 그런데 그런 생각을 할 때가 있어요. 가진 것, 아는 것, 자신이 경험한 것이 그만큼이어서 자녀에게 그런 상처를 준 것도 모르는구나. 참 안타깝다. 그게 여전히 최선이라고 생각할 수도 있지 않을까?

그들의 과오는 인정하지만, 과거에만 머무르지 않기를 바랍니다. 지난 아픔이 날 너무 힘들게 한다면 반복적으로 말해주었으면 해요.

과거의 기억으로 아무 잘못을 하지 않았는데도 근본적으로 자신이 문제가 있고, 사랑받을 수 없는 사람, 가치 없는 존재라는 느낌을 받을 수 있습니다. 변화는 자기 안의 에너지를 인식하는 것에서부터 시작합니다.

그러니 나를 사랑할 수 있는 사람으로 여겨주세요. 상담가나 가까운 존재, 나를 소중히 대해줄 사람을 찾으세요. 누군가 하지 못했으면 대신 내가 해주세요. 두려울 때라도 자신의 상태를 알고 있으면 용기를 낼 수 있습니다.

"지나간 일이야. 과거와 지금은 달라"

52

반복적으로 이 말을 들려주세요. 반복이 필요한 것은 우리의 뇌가 분명히 이 말을 들을 수 있어야 하기 때문이에요. 뇌가 과거와 현재를 혼동하지 않게 그 사실을 알려주세요. 우리의 뇌는 인지적인 힘으로 작동합니다. 그래서 뇌의 작동 원리를 파악하고 있는 것이 도움이 됩니다. 우리의 뇌는 반복적으로 말하고 상상하는 것을 실제 경험하는 것으로 받아들입니다. 말로 내뱉는 것, 규칙적으로 하는 행동, 일정 시간에 기록하고 되새기는 습관 등이 다 효능을 가지고 있어요.

"괜찮아. 나에게는 내 삶을 잘 이끌어갈 힘이 있어."

다른 사람과의 관계에서도 필요하지만, 또 나와의 관계를 위해 나에게 진심을 다해 들려주세요. 그 과정을 통해 나에 대한 믿음을 찾아갔으면 합니다.

너와 내가
바로 서는
연결과 독립

'건강한 안전기지'를
향하여

　가족관계는 나를 둘러싼 부모, 또 나의 아이 이렇게 크게 3대를 통해 보는데요. 부모와 나의 관계, 나와 자녀의 관계, 또 부부관계, 가깝고 긴밀한 관계에서 나오는 문제들을 살펴봅니다.

　가족의 출발은 나의 탄생이겠죠. 갓난아이 시절을 지나, 세상을 탐색하고 성장하고, 어른이 된 이후에는 사랑하는 사람을 만나 헤어지기도 하고 또 만나면서 결혼을 합니다. 그리고 자녀를 만나게 되고요. 모든 사람이 이 관계를 갖지는 않지만 그래도 내 존재로 인해서 생기는 관계 맺기란 사실은 분명하죠.

내 존재의 건강한 출발은 '안정애착'의 개념이에요. 영국의 정신의학자, 존 볼비John Bowlby의 애착 이론에서 나오는 '안정애착'은 이제는 너무나 많은 부모들이 알고 있는 개념이에요. 자녀가 태어나서 부모에게 안정적인 사랑을 받고 애착관계를 형성했을 때 이 세상을 잘 살아 갈 수 있다는 거죠. '안정'에 대한 믿음과 확신이 예측불허의 세상 밖으로 발을 내딛고 살아갈 수 있는 힘을 줍니다. 성인이 되어서도 나이가 들어서도 '안정'에 대한 기대는 지속됩니다. 우리는 부모, 배우자, 또 자녀에 대해서 '안전기지' 개념을 떠올립니다. 그런데 안전기지에는 건강한 분화가 핵심이에요.

'건강한 분화'라는 것은 우리가 각자 서로 다른 존재라는 것을 인정하는 거예요. 아무리 가까운 관계인 부모도, 부부도 결국 다른 존재라는 거죠. 내가 낳은 아이 역시 그래요. 아이가 나와 다른 존재라는 것을 이해해야 해요. 인간에게 심어놓은 자유 의지는 인간에게 주어진 본능이에요.

저희 아이가 정말 작은 어린아이였을 때 얘기인데요. 너무 귀엽고 앙증맞아서 아이를 꼭 껴안고 "우리 아가는 엄마 거야" 했어요. 그냥 한 농담이었는데 아이가 화들짝 품을 벗어나면서 "나는 내 거지, 왜 엄마 거야" 따져 묻더라고요. "엄마 거 아니야?" 하니까 절대 아니래요.

"나는 나지, 왜 내가 엄마 거야? 엄마 거 아니야. 나는 나야."

정말 어린아이도 본능적으로 내가 누구의 소유물이라는 게 싫은 거죠. "난 너랑 절대 안 떨어질 거야. 네 곁에서 늘 함께 있을 거야. 이 정도로 널 사랑해" 하는 말은 그저 자기 자신에게 심취해 있는 거예요. 그런 말들이 아이에게 안정감을 준다고 볼 수 있을까요?

"나 진짜 힘든데 그래도 내가 널 위해서 한다."

이런 말들은 상대방에게 얼마나 큰 부담이 될까요. 순간순간의 말에도 다른 사람을 존중하는 이야기인지 아닌지를 구분해야 돼요. 부모의 말을 듣고, 아이가 '나는 사랑받는 소중한 존재구나'라는 걸 느껴야지 부채감이나 죄책감을 느끼면 안 되니까요.

체계적 가족치료 이론을 정립한 머레이 보웬Murray Bowen은 가족 구성원 사이에는 반드시 감정의 분화가 일어나야 한다고 말해요. 그래야만 각 구성원이 독립과 성장을 할 수 있다고 본 것입니다.

사람은 의존하면서도 독립적이길 바라는 마음이 같이 존재합니다. 특히 가족 구성원들은 정서적으로 얽혀 있어서 의지하려는 마음과, 독립하고 싶은 마음이 함께 있는 건데요. 이것을 연합성과 개별성이라고 해요. '연합성'이란 다른 가족 구성원에게 연결되어 서로에게 반응하는 것이고, '개별성'은 자신의 삶의 방향을 스스로 정하고 나아가려는 힘입니다.

두 힘이 서로 균형을 이룬 상태를 보웬은 '분화'라고 말합니다. 잘 분화되었을 때, 인간은 자신의 주관적인 감정과 객관적인 이성이 균형을 이루어 사고와 감정을 분리할 수 있고, 위기나 불안에 대처하는 능력도 갖추게 됩니다. 반면에 이 두 힘이 균형을 잃고 한쪽으로 치우친 경우를 '미분화'라고 하는데, 미분화가 되면 매우 의존적으로 살아가거나, 관계를 끊고 단절한 채 살아가게 됩니다. 결국 건강한 분화를 관계 안에서 이루어져야 할 인간 성장의 핵심 요소로 본 거예요.

　　가까운 관계에서 분화된 사람을 보면, 같이 있어도 편안하고 떨어져 있어도 편안해요. 왜냐면, 떨어져 있어도 연결감을 느끼고 같이 있어도 독립성을 느끼는 거예요. 모든 관계는 존중이 필요하지만, 가까운 관계에서는 더 존중이 필요해요. 그 존중 안에는 '건강한 분화'의 개념이 단단히 자리 잡고 있습니다.

다름을
인정하는 것

가족에게 가장 필요한 것은 안전기지입니다. 어렸을 때는 한 덩어리로 뭉쳐서 한껏 밀착돼요. 그것이 어린아이가 생존할 수 있도록 도와주는 근원적인 힘이죠. 안아주고 보듬어주고 반응해주면서 타인의 도움 없이는 아무것도 할 수 없는 아이를 세상 속에서 살도록 해줍니다. 한껏 안기지 못한 아이들은 성장하면서 불안함을 느끼잖아요.

안정애착을 형성하고 아이가 세상을 향해 나아갈 때는 서서히 분리가 시작되는 것인데요. 물론 어려서도, 성장해서도 '너를 사랑한다, 넌 소중한 존재야'라는 정서적

안김은 아낄 필요가 없어요. 그런데 여기서 우리가 가져야 할 경계선은 무엇일까요?

'나는 너를 이렇게 사랑하지만 너는 내가 아니야. 넌 나와 다른 생각을 갖고 있고, 나와 다른 꿈을 갖고 있고, 다른 취향을 갖고 있어.'

이것을 인정해줘야 됩니다. 충분히 연결이 되어 있지만 독립성을 인정해주는 거예요. 어떨 때는 정말 내가 원치 않은 걸 할 수가 있어요. 나는 아이가 이렇게 해줬으면 좋겠는데 아이는 다르게 움직여요. 그런데 그것을 참아내야 해요.

'이 재능을 살려서 공부했으면 좋겠는데 그건 하기 싫다고? 충분히 이야기를 해보았어도 아니라면 어쩔 수 없다. 그 길이 아닌가봐. 다른 눈으로 보면 또 다른 의미가 있겠지.'

아이가 한 무리의 아이들에게 다가갑니다. 그런데 이미 놀고 있는 무리의 아이들이 쉽게 아이를 껴주지 않아요. 아이가 겉도는 모습을 견딜 수 없어요. 그런데도 아이는 포기하지 않고, 슬금슬금 아이들 곁으로 다가갑니다. 놀고 싶다는 의지든, 관계에 대한 욕구든 무언가 해보겠다는 마음이 꿈틀거리고 있는 거거든요. 그런데 '아이가 상처받는구나. 내가 안전하게 지켜줘야지' 얼른 손을 이끌고 나옵니다.

"넌 내 말을 들어야만 안전해, 그래야만 행복할 수 있어."

아이에게는 이 경험이 도전이고 용기일 수 있어요. 더러 속상하더라도 다른 방법을 찾을 수 있어요. 어쩌면 상처받는 건 부모의 머릿속에서만 일어나는 일일 수 있어요. 이런 작은 경험들을 넘어 성인이 된 후에는 좀 더 큰 문제로 다가옵니다. 어떤 자녀가 결혼생활 중에 참고 참다가 도저히 견딜 수 없어서 어머니한테 말합니다.

"아무래도 이혼해야 될 것 같아요. 그동안 다 말하지는 못했지만 저 정말 힘들었어요."

그렇게 말했더니 어머니가 세상 끝난 듯 절망 어린 몸짓으로 "나 죽는다, 이렇게는 못 산다" 하고 몸져누워요. 그러면 이 사람은 자기 이혼이 급한 게 아니라 나로 인해 어머니를 병들게 하고 아프게 했다는 죄책감이 더 큰 문제가 됩니다.

이 어머니는 자녀를 사랑해서 그랬다고 하지만 이것이 정말 좋은 사랑일까요. 자녀를 위해서 어떤 상황에서든 버텨주고 안아주고 자녀가 잘 살 수 있도록 도와주는 역할을 하는 게 부모거든요. 단단하게 버텨준다는 게 얼마나 깊은 사랑인지 몰라요. 그걸 부모가 해줘야 하거든요. 그래서 부모의 자리는 남다른 거예요. 자신의 감정을 아이에게 덧씌우면 안 됩니다.

부모들이 자주 하는 말이 있어요. "내가 너를 위해서 다 알아봤어. 아무 생각 말고 나만 따라오면 돼" 이렇게 아이를 끌고 와요. 그런 과정 속에 성장하면 아이는 자기 생각대로 살아가는 게 훈련이 되지 않아요. 그런 아이한테 "너가 원하는 거 해" 이야기해도 어떻게 해야 하는지 감을 잡을 수 없어요.

달리기를 하더라도 직접 아이가 경험해보면서 '이렇

게 하니 재미있구나' 느껴야지 다음번에 또 달리기를 해볼 수 있어요. 아이가 직접 달려보고 즐거웠고, 즐거움을 느껴서 표현을 했을 때 부모가 '즐겁구나, 신나는구나' 이런 것만 알아줘도 충분해요.

'아, 이 행동과 나의 감정은 이렇게 연결되는구나.'

이런 경험과 감정이 쌓이면서 차근차근 공부하는 거예요. 그래서 이 개념 자체가 잘 정립이 되어야 해요.

분화된 사람들은 훨씬 더 쉽게 타인은 타인이라는 걸 인정합니다. 그 사람이 나랑 꼭 같아야 된다고 요구하지 않아요. 왜냐면 분리되어 있으니까요. 즉 세포분열이 되어 있어요. 나는 그냥 물이나 한잔 마셨으면 좋겠는데 상대방은 물로는 부족하고, 밥을 달라, 고기를 달라 합니다. 그러면 분화가 안 된 사람들은 "그냥 물이나 마셔" 이렇게 말하죠. 분화가 된 사람들은 내가 여기서 물을 마시고 싶지만 '저 사람은 다른 게 먹고 싶구나' 이걸 인정합니다. 나와 그 사람의 감정이 다른 걸 인정하는 거예요. 분화되지 않은 사람들이 가장 많이 하는 말이 "나 같으면 안 그럴 텐데"입니다.

"나 같으면 같은 상황에서 이렇게 했을 텐데."
"나 같으면 부모가 이렇게 지원해줄 때 의대 가려고 기를 쓸 텐데, 더 열심히 공부할 텐데."
"나 같으면 그 상황에서 마음 편하라고 전화라도 한 번 더 해줄 텐데."
"나 같으면 가까이 오는 김에 엄마 아빠 얼굴 보고 갈 텐데 무시하니까 그러지."

"나 같으면 안 그래" 그 말에 모순이 다 함축되어 있어요. 왜냐면 상대방이 나와는 다른 사람이라는 이해가 부족한 거예요.

관계가 가까워질수록 타인이라는 경계가 허물어져서 상대 역시 자신처럼 느껴야 한다고 생각합니다. 하지만 가까운 사이라도 상대가 자신과 다른 마음을 가진 개별적 존재라는 것을 잊으면 안 돼요. 다른 존재를 인정하는 가운데, 좋은 관계를 유지하기 위해 상대방의 의도와 마음을 알고자 노력하는 거죠.

좋은 관계는 성격이 끌려서, 타이밍이 좋아서, 코드가 잘 맞아서 만들어지는 것이 아니에요. 마음을 들여 만들어가는 거죠. 모든 것이 그냥 이루어지는 것이 아니라, 그만큼의 노력이 필요합니다.

미분화와 분화를
구분하는 법

분화를 생각하면 나에 대한 존중, 그리고 남에 대한 존중이 필요해요. 상대가 가지고 있는 판단, 생각, 기호, 그리고 모든 감정들을 그대로 인정해주는 거예요.

분화가 안 된 부모들은 내 거를 강조하잖아요. 정말 많은 희생을 하는 부모도 있어요. 본인의 젊음을 불사르면서 열심히 일하고 자녀, 가족들을 위해 헌신합니다. 그러나 그걸 통해서 내가 원하는 것도 너무 분명해요.

"너희들은 나를 사랑해야 돼, 나를 존경해야 돼, 내가 이렇게 너희들에게 해줬으니 내 말을 따라야 돼."

이건 분화가 아니에요. 자녀로서 혜택을 다 받았어요. 부모 덕분에 좋은 교육 받고 좋은 집에서 살고 물질적으로 누릴 수 있는 것을 누리지만 자유가 없는 거예요.

분화된 사람은 이렇게 해줬어도 자녀나 가족이 "나 이거 싫어. 이렇게 하고 싶지 않고 그런 방식으로 사랑하고 싶지 않아" 이런 이야기를 할 수 있는 자유를 동시에 인정해줍니다. 내가 무언가를 해줬다고 해서 상대가 보답할 의무를 가진 건 아니에요. 분화된 사람들은 이거는 내가 좋아서 한 거고, 그 다음에 상대가 좋아하든지 싫어하든지 그 판단과 결정은 다른 사람 몫으로 인정해줄 수 있습니다.

궁극적으로 관계에서의 존중은 나 아니면 모두 타인 님을 이해하고 받아들이는 거예요.

그럼 나에 대한 존중은 무엇일까요? 나에 대한 존중은 상대방에게 굳이 맞추려는 게 아니라 내가 원하는 것이 무엇인지, 자연스럽게 자기의 감정에 귀 기울이는 거예요. 기울어진 관계는 오래갈 수가 없죠. 나에 대한 존중이 곧 남에 대한 존중이기도 해요. 나도 분명하고 너도 분명한 거예요. 나도 이렇게 바로 서고 남의 것도 인정하는 겁니다. 미분화와 분화를 구분하는 가장 일차적인 근거는 너와 내가 구분이 되지 않는 거예요. 내 판단이나 생각으로 끌고 가는 건 미분화죠.

사랑을 안 주는 것도 미분화고 사랑을 내 식으로 너무 많이 주는 것도 미분화입니다. 미분화된 사람은 상대에게 자꾸 웃으라고 강요를 해요. 그런데 분화된 사람은 웃든지 말든지 상대방의 마음을 인정합니다. 분화된 사람은 타인인 저 사람이 웃는지를 내가 관찰해야 되는 거예요. 내가 웃으라고 강요하는 게 아닌 거죠. 내가 저 사람이랑 잘 지내고 싶고 좋은 관계를 유지하고 싶고 너무 사랑한다면 저 사람이 어떨 때 행복한지 잘 보는 거예요. 이렇게 하니까 웃는구나, 저런 순간을 좋아하는구나, 그걸 관심을 갖고 알아야 되는 거예요.

미분화된 사람은 상대가 안 웃으면 엄청나게 좌절해요. 실패자인 것 같고 사랑받지 못한 거 같아요. 자기 마음 같지 않으니 서운할 순 있어요. 그런데 그날의 일상이, 삶이 무너지는 기분을 느낀다면 미분화인 거죠. 그건 상대방의 마음이고 내가 조정할 수 없는 영역이거든요. 기대와 다른 상황이라도 상대방의 반응을 존중하는 마음이 필요해요. 내가 이만큼 해줬으니 그만큼 돌아왔으면 좋겠다는 기대가 생기지만 기대를 강요하면 안 돼요. 내가 줬는데 내가 준 만큼 안 돌아올 수도 있어요. 그럼 양을 조절하는 거예요. '내가 이렇게 줬는데도 별로 좋아하지 않는구나. 그럼 더 이상 넘치도록 줄 필요는 없구나' 그럼 다음에는 상대방도 알게 되고 관계가 균형을 맞춰갑니다. 경험을 통해 상대와의 더 적절한 균형을 찾아가는 거예요.

대부분의 사람들은 스스로 내가 미분화되어 있는지, 분화되어 있는지 잘 인식하지 못해요. 그렇기 때문에 계속해서 상대가 변하기만을 원해요. 그래서 상담을 하러 오면 "아내가 문제입니다", "남편이 문제입니다", "우리 아이가 문제입니다", "부모가 문제입니다" 말해요. 그런데 이건 전형적인 미분화된 사람이 하는 서술 방식이에요. 상대방이 내 마음대로, 내가 원하는 대로 있지를 않다는 거죠.

그런데 분화된 사람은 상담하러 오면 남의 이야기를 하는 것이 아니라 자신의 이야기를 해요.

"아들이 나에 대해서 이런 말을 했는데 왜 이렇게 제 마음이 무너질까요?"

"별거 아닌데 그 사람의 행동에 너무 상처받아요. 편안하게 관계를 잘 유지하고 싶은데 그게 왜 힘든 걸까요?

분화된 사람도 감정이 있기 때문에 당연히 서운함, 분노, 실망도 있고 실패감도 있어요. 분화된 사람이 모든 것에 초연한 듯이 항상 행복하고 평온하게 사는 건 아니에요. 그런데 이렇게 된 상황에 대해서 그 상황의 주인공은 나인 거지, 타인이 아닌 것은 분명히 이해하고 있습니다.

그런데 미분화된 사람 중에 이런 경우가 있어요. "내가 물에 빠져서 죽어가고 있을 때 나를 구조하러 아무도 안 왔어요." 그러면서 분노합니다. 그런데 물에 빠져 있는지 다른 공간에 있는 사람들은 모를 수 있잖아요. 그런데 분화되지 않은 사람은 여기서 막 화를 내요. "어떻게 그럴 수가 있어, 당신은 인간도 아니야" 소리쳐요. "내가 죽을 듯이 힘들 때 너는 뭐 했어? 나는 지옥 속에 있는데 왜 몰랐어?" 아우성치죠. 그런데 여기서 생각해보는 거죠.

'왜 나는 그런 걸 원할까? 왜 나는 내가 물에 빠진 것 같으면 남들이 바로 달려와서 나를 도와주기를 원할까?'

그런데 '왜 그럴까?'의 근원을 파고 들어가보면 지금까지 즉각적으로 그 사람에게 온 사람이 없었던 거예요. 어려서부터 그런 욕구가 채워지지 않은 거예요. 처음에는 부모에 대한 원망이었지만 나중에는 다른 사람들한테도 '어떻게 그럴 수가 있어요?' 근본적으로 피해의식이 있는 사람이 되는 거죠.

'당신은 날 보살피지 않았어.'

이 메시지를 배우자에게 계속 주고 결국은 다른 사람이 자기를 보살필 수 없게 만들어요. 피해의식이지만 남들이 다가올 수 없게 만들죠.

어떤 경우는 자기에게만 문제점을 찾는 사람도 있어요. 이 세상 모든 사람들은 다 미숙함과 완숙함을 동시에 갖고 있어요. 그러다가 서로 부딪칠 수도 있고 어려울 수 있다는 것을 이해해야 합니다. 그것을 이해하면 자신을 더 지지할 수 있죠. 모든 관계는 균형입니다. 그건 자신과의 관계에서도 마찬가지입니다.

치우치지 않고 관계에서 균형을 이루어야 하는 것은 모든 사람이 안고 있는 문제입니다. 결국 서로의 다름을 인정하고 끊임없이 분화된 모습으로 가고자 노력하는 것이 필요합니다.

분화, 균형을
찾아가기 위한 과정

건강하려면 결국엔 독립이 되어야 해요. 건강하게 분리되어야 하고 그런 다음, 정서적으로 연결되어야 해요.

시대 흐름이 많이 달라진 것을 느껴요. 예전처럼 아랫세대가 윗세대에게 100퍼센트 순종하는 것이 아니라, 아랫세대들이 이제 본인의 욕구를 얘기합니다. 하지만 여전히 너무 밀착되어 있고 일방적이기 때문에 조금씩 떨어지는 과도기라고 봐요. 이 떨어진 상태에서도 잘 지내기 위해선 또 잘 연결되어야 해요.

'우리 부모, 또 우리 자녀들은 이런 축복이 필요한 거구나.'

심리적으로라도 든든하게 지켜주고 있다는 것을 느끼게 해줘야 하는 거죠. 이렇게 연결이 되어야지 모두가 생존율이 높아지는 거예요. 이건 우리가 살아가기 위해서 필수적 요소입니다.

처음에 부부가 상담실로 들어왔을 경우에는 자신의 입장에서 이야기합니다. 다 상대방 문제 같아요. 정말 배우자가 이해가 안 되는 거예요.

'왜 저러지? 내가 이렇게 성실하게 저 사람을 사랑하고 가정을 지키려고 노력하는데 왜?'
'왜 늘 자기 마음대로 할까? 항상 남 탓을 하는 걸까?'

그렇게 각자의 이야기를 하는데 조금 더 제가 이해할 수 있는 이야기를 들어보려고 시도합니다. 그렇게 함께 들어보면 '그게 나의 특징, 우리의 특징이구나' 이런 부분들을 이해할 수 있어요.

자녀가 상담을 하러 왔을 때도 부모가 정말 이해가 안 되거든요. 왜 똑같은 걸 갖고 매번 싸우는지, 왜 항상 불안 요소를 가져와 자기까지 불안하게 하는 건지 답답하기만 해요. 그런데 상담을 하면서 어머니의 원가족, 아버지의 원가족을 쭉 들여다보면서는 이해가 되는 거죠.

그들이 가지고 있는 상처가 정말 최선을 다했지만, 너무 아파서 불가피하게 만들어진 상처란 것을 이해하고 받아들이게 되는 거예요.

그 사람들이 이상해서가 아니라 그들이 갖고 있는 한계였구나, 조금 더 내가 잘 이해할 수 있겠다, 하는 순간 자녀는 부모로부터 분화가 시작됩니다.

"나 죽어도 용서 못 해요. 나는 우리 부모랑은 절대로 죽을 때까지 안 만날 거예요. 어차피 내 인생이니까요."

그런데 이게 어려워요. 미분화의 특징 중 하나로, 관계가 너무 나쁘고 단절돼도 우린 결코 관계를 떠날 수가 없어요. 너무 밀착되어도 못 떠나요. 진짜 부모를 떠날 수 있으려면 관계가 좋아야만 가능해요. 이게 우리의 남은 과제예요. 떠나기 위해서 더 들여다봐야 되는 거예요.

'내 부모와의 관계가 어땠는지.'

'내 부모에게는 어떤 상처가 있었는지.'

'내 부모는 왜 그런 모습을 했어야만 하는지.'

'그들이 가지고 있는 미숙함에 나는 왜 희생양이 될 수밖에 없었는지.'

이런 부분들을 펼쳐본 뒤에, 치유가 되려면 거기서 내가 느낀 감정들을 다 존중받아야 돼요. 이런 과정을 통해서 자기감정을 다 표현하고 안전하게 수용받는 경험들을 하는 거죠. 상처가 깊을 때 가장 이상적인 방법은 부모를 이해하고 부모에게 사과받는 것입니다. 그 사과가 부모를 통해서 이루어지면 가장 좋고 대리인을 통해서라도 그 사과를 경험하는 거예요. 가족치료를 통하면 좀 더 잘 이루어질 수 있겠지만 가상의 목소리로도 경험할 수 있습니다.

그럼 내가 부모로부터 떨어져 나갈 수 있어요. 그다음 더 가벼운 마음으로 다른 상대방을 바라볼 수 있고 관계를 맺어갈 수 있는 거죠.

돈으로 가족을 움직이는
사람들

가족관계에서 경제적 요소의 비중은 큽니다. 돈이 걸려 있는 문제들이 많아요. 그런데 돈의 액수 자체가 많고 적은 것으로 분화와 미분화가 결정되는 건 아니에요.

어떤 부모는 돈을 통해서 계속 자녀를 조정해요.

"내 말 들어. 말 잘 들으면 너한테 많은 걸 제공해줄 수 있어"

이런 식으로 자녀가 떨어져 나가지 못하게 만드는 경우는 돈이 굉장히 부정적인 영향을 미치는 거죠. 그런데 어떤 가족은 돈을 아낌없이 주면서도 이 자녀가 자기 성장을 위해서 충분히 돈을 활용한 다음에 독립적으로 살아갈 수 있도록 이끌어요. 이 과정에서는 어떤 대물림이 되냐면 본인이 열심히 벌어서 본인이 취한 걸 자녀한테 줘요.

하지만 자기 욕구로 인해 상대방을 조정하고 자기 식으로 끌고 오려는 수단으로 돈을 쓸 경우는 올가미가 됩니다. 어떤 내담자가 왔는데 자신이 돈을 잘 버는데도 부모가 "그 돈 얼마나 되니? 그냥 저축해놓고 카드 줄 테니까 내 돈 가져다 써" 이런대요.

그런데 그걸 통해서 부모는 아들이 무얼 하고 있는지 다 파악하는 거예요. 카드 쓸 때마다 어디에 썼는지 확인하고 시시콜콜 다 참견하는 거죠. 이 내담자는 부모의 돈을 받아쓰면서 완전히 부모한테 얽매여 있고요.

"부모님 덕분에 좋은 곳 사니까 회사 사람들이 저를 보는 눈이 달라요. 사람들이 절 더 좋아하는 것 같아요. 부모님 아니면 이런 좋은 곳에 못 살고 좋은 거 못 먹죠."

부모가 돈으로 얽매고 있다는 걸 알면서도 벗어나올 수 없는 이 사람의 욕심이 있는 거예요. 돈 있는 사람들이 그걸 이용하는 경우도 많아요. 자기 수준에 맞춰서 나름 대로 영위해가면 상관이 없는데 자율성을 원하면 또 문제가 생기죠.

그런데 가끔 연예인들이 부모 때문에 구설수에 오르는 이야기가 나오잖아요. 분화되지 못하고 자식이 잘되면 자식의 등에 올라타는 거예요. 분화라는 건 자기 부모로부터도 분화해야 되지만, 내 자녀한테서도 분화돼서 나갈 수 있어야 돼요. 분화된 사람은 자기 삶을 끝까지 책임져요.

내 자식이 유명해져서 수십 억 벌었지만 내가 가지고 있는 능력은 그럴 수 없어요. 그럼 그거에 맞춰 살아야죠. 미분화된 사람은 내 자녀가 갖고 있는 걸 다 내 돈으로 여겨요. 이건 진짜 미분화된 모습이에요.

가족치료 과정 중, '가족 세우기Family Constellation'가 있어요. 가족 세우기는 가족상담의 집단치료 중에 하나로, 내담자가 한정된 공간에서 신체적 표현을 통해 자신의 가족관계를 표현하면서 치료를 하는 건데요. 가족 세우기 마지막 작업에 꼭 하는 것이 있어요. 부모랑 얽히고설키고 힘들었으면 갈등을 해결한 다음에 뒤에서 부모는 따뜻하게 자녀 등에다가 손을 얹게 해요. 그리고 자녀가 자기 배우자를 보게 해요. 이렇게 하면 내 자녀가 그의 배우자를 볼 때, 내 사위나 내 며느리를 볼 때 멋지고 당당하면서 사랑이 많은 사람으로 서 있는 거예요.

돈도 줄 필요 없고 맨날 찾아가서 얼굴 마주치고 있을 필요도 없고 마음으로 연결되어 있으면 돼요. 살면서 우리가 해결하지 못한 것들이 내면에 쌓여 있는데 미해결 과제의 종류는 너무나 다양해요. 한 가지 결론으로 귀결되지 않거든요. 돈은 관계 안에서 보조적인 도구일 뿐이에요. 도구의 쓰임이 영원하지 않잖아요. 어떤 내담자가 돈 많이 벌면 부모가 자기를 봐줄 거라고 생각했대요. 그런데 돈을 많이 벌고, 부모에게 좋은 것을 해줘도 부모의 시선이 형에게만 가 있는 것을 보고 지난 세월이 억울해 울분을 터트렸어요. 그 사람의 결핍은 돈으로 채울 수 없는 거였죠. 인간이 줄 수 있는 가장 풍요로운 자본은 내면에 대대로 흐르는 심리적 자본임을 생각하게 됩니다.

나의 자기 분화 수준은
어떠한가

나의 자기 분화 수준이 어느 정도인가 가늠해볼 필요가 있어요. 아이러니하게 분화 수준이 낮은 사람들끼리 끌리는 경향이 있어요. 분화 수준이 낮은 사람에게 분화 수준이 높은 사람은 선망의 대상이기는 하지만 가까이 하기에는 부담스러운 존재일 수 있거든요.

왜냐하면, 그 옆에 있었을 때 상대적으로 나의 취약함이 더 드러나요. 내가 자신 있는 사람이면 '나도 당신처럼 괜찮아' 하면서 당당하게 서는데 '난 못하는데 어떻게 저런 게 가능해?' 하면서 옆에 가면 상대적으로 나의 초라한 모습을 자각해야 해요. 감당을 못합니다.

분화 수준이 낮은 사람들은 서로 '내가 당신 알아, 난 당신 도와줄 수 있어' 하면서 다가갑니다. 다 나랑 연결된 거고, 내 문제이기도 하거든요. 그리고 마음이 편해요.

그런데 '부모가 나에게 집착했어. 또는 날 방치했어'로 끝나는 게 아니라 상담이나 다른 치료 과정을 통해서 나와 가족의 이야기를 새롭게 만들고 그 안에 숨겨진 이야기를 인정하면서 우리 스스로 분화 수준을 높일 수 있습니다.

든든하게 똑바로 설 수 있는 힘. 나 스스로 일어설 수 있는 힘. 코어는 자존감인 거고, 그 자존감은 내 가족, 내 부모에 대한 이야기가 긍정적인 메시지로 만들도록 도와줘요. 이 이야기를 하려면 부모도 힘이 있어야 돼요. 자기 부모랑 관계에서 연결되는 게 있어야지 힘이 생기고, "미안해. 힘들었지" 이게 보이는 거예요. 내가 힘이 없을 때 그 얘기가 나오면 바로 자기가 무너질 것 같아서 도저히 이야기가 나오지 않아요.

어떤 사람이 자기 이야기를 한 게 있어요. 거기에서 '자녀와의 힘겨루기'로 미분화된 모습을 너무 잘 볼 수 있었어요. 그 엄마는 어려서부터 자녀를 연예인으로 키웠어요. 사람들 앞에서 노래하고 유명해지는 게 엄마의 꿈이었다고 해요. 엄마는 딸을 통해서 자기 인생을 사는 거예요. 그런데 딸은 호소합니다. 어려서부터 활동하고 방송하는 게 너무 싫고, 잠도 못 자고, 돈을 벌어야 하는 게 너무 고됐다고 해요. 그러면 그 엄마가 확신에 차서 말해요.

"이게 뭐가 힘들어? 엄마는 얼마나 너처럼 되고 싶었는데 넌 정말 행복한 줄 알아야 돼. 너가 못 할 것 같아도 옆에서 엄마가 너를 도와주면 100퍼센트 능력을 발휘할 수 있는 거야. 그게 엄마가 할 일이야."

진짜 미분화된 사람이 자기 신념을 가지고 열심히 사는 모습이죠. 100퍼센트를 만드는 건 자기 자신이 스스로 할 일이지, 남이 해주는 게 아니거든요.

그러다가 참다못해 나는 엄마의 삶을 살기 싫다, 제발 나를 내버려달라고 호소하는데 그런데도 놓아주지 않으니까 급기야는 엄마와 연락을 끊고 단절해버려요. 그런데 오랜 시간이 흘러서 다시 만났을 때 엄마가 너무 기가 막힌 모습을 하고 있는 거예요. 집도 잃고 모든 재산도 잃고, 사회에 고립된 채로 아주 망가진 모습으로 다시 만난 거죠. 이건 자녀와 힘겨루기에요.

"너가 나를 버려? 정말 엄마 죽는 꼴 보고 싶어? 네가 제대로 보살피지 않으면 엄마 어떻게 사는지 지켜봐."

이렇게 자기 파괴적인 모습으로 복수를 하는 거예요. 여기에서 자녀는 무너지죠. 정말 독립적으로 살고 싶었는데, 엄마의 모습을 보면서 자기가 정말 잘못한 것 같고 무너져 내립니다. 이 엄마는 자기가 어떤 모습을 하고 있는지 알지 못해요. 그래서 평생에 걸친 비극이 나타난 거예요. 사람들은 대부분 자기 분화 수준을 알지 못합니다. 지금까지 '자기 분화'에 대해 진지하게 생각해본 경험이 없을 거예요. 그래서 각자 자기 분화 수준을 한번 확인해 보았으면 합니다. 그리고 혹시 나의 미분화 요소로 가까운 사람에게 상처를 주고 있는 것은 아닌지 돌아보는 시간이 되었으면 해요.

나의 자기 분화 수준 알아보기

- 보웬의 자기 분화 척도 검사는 총 38문항으로 이루어져 있다.

- 다음은 자신이나 다른 사람과의 관계에 대한 귀하의 생각이나
  느낌을 묻는 질문입니다. 귀하의 생각이나 행동, 느낌에 가장 가
  깝다고 판단되는 번호에 표시하여 주십시오.

- **5점 척도**

  0: 전혀 그렇지 않다
  1: 대체로 그렇지 않다
  2: 조금 그렇지 않다
  3: 조금 그렇다
  4: 대체로 그렇다
  5: 매우 그렇다

(1) 자기 분화 차원: 심리내적 차원

하위요인1: 정서적 반응

	질문	전혀 그렇지 않다	대체로 그렇지 않다	조금 그렇지 않다	조금 그렇다	대체로 그렇다	매우 그렇다
1	사람들은 내가 감정을 잘 통제하지 못하는 편이라고 말한다.	0	1	2	3	4	5
5	나는 감정이 격해졌을 때에는 제대로 생각하기가 어렵다.	0	1	2	3	4	5
10	때때로 나는 감정의 기복이 너무 심하다고 느낀다.	0	1	2	3	4	5
15	나는 스트레스가 오래 계속되면 이성보다 감정에 따라 행동하게 된다.	0	1	2	3	4	5
20	나는 중요한 결정을 내려야 할 때도 즉흥적으로 처리하는 일이 많다.	0	1	2	3	4	5
22	나는 사람들에게 말부터 해놓고 나중에 후회하는 일이 많다.	0	1	2	3	4	5
27	나는 화가 나면 물불을 가리지 않고 행동하는 편이다.	0	1	2	3	4	5
30	나는 대수롭지 않은 일에도 화를 잘 내는 편이다.	0	1	2	3	4	5
35	나는 차근차근 따져 생각하기보다 느낌과 감정에 따라 행동한다.	0	1	2	3	4	5

하위요인2: 자기입장

	질문	전혀 그렇지 않다	대체로 그렇지 않다	조금 그렇지 않다	조금 그렇다	대체로 그렇다	매우 그렇다
4	누군가와 논쟁을 벌이는 동안 감정에 치우치지 않고 내 입장을 분명히 할 수 있다.	0	1	2	3	4	5
8	나는 어떤 일이 일어나도 별로 흔들리지 않는다.	0	1	2	3	4	5
13	다른 사람이 뭐라 하든 개의치 않고 대부분 내 생각대로 한다.	0	1	2	3	4	5
18	스트레스를 받는 상황에서도 내 감정을 부인하지 않고 합리적으로 반응할 수 있다.	0	1	2	3	4	5
25	대부분의 경우 내 감정이나 생각 따위로 고민하지 않고 단호하게 행동할 수 있다.	0	1	2	3	4	5
29	스트레스를 받아도 나는 별로 흔들리지 않는다.	0	1	2	3	4	5
33	누군가가 압력을 가해도 내 감정과 신념을 분명히 드러낼 수 있다.	0	1	2	3	4	5
38	나는 자기주장이 강하고 지배적인 사람을 대할 때에도 분명한 사고와 편안한 마음을 유지할 수 있다.	0	1	2	3	4	5

(2) 자기 분화 차원: 대인관계 차원

하위요인1: 타인과의 융합

	질문	전혀 그렇지 않다	대체로 그렇지 않다	조금 그렇지 않다	조금 그렇다	대체로 그렇다	매우 그렇다
3	나는 결정을 내리도록 도와줄 사람이 옆에 없으면 종종 확신이 안 선다.	0	1	2	3	4	5
7	내 자존심은 다른 사람이 나를 어떻게 생각하느냐에 따라 달라진다.	0	1	2	3	4	5
12	나는 뭔가 결정을 내릴 때 다른 사람이 그것을 어떻게 생각할지 걱정이 된다.	0	1	2	3	4	5
17	큰 일을 시작할 때 나는 주변 사람의 많은 격려를 받아야 안심이 된다.	0	1	2	3	4	5
24	나의 말이나 의견에 대해 남에게 비판을 받으면 잘 바꾸는 편이다.	0	1	2	3	4	5
32	나는 화가 나면 혼자 해결하지 못하고 누군가가 해결해 주기를 바란다.	0	1	2	3	4	5
37	내 의견이 배우자나 주위 사람과 비슷해야 안심이 된다.	0	1	2	3	4	5

하위요인2: 정서적 단절

질문		전혀 그렇지 않다	대체로 그렇지 않다	조금 그렇지 않다	조금 그렇다	대체로 그렇다	매우 그렇다
9	배우자가 이해하지 못할까봐 내 속마음을 솔직히 드러내지 못한다.	0	1	2	3	4	5
14	배우자가 나한테 너무 많은 것을 바란다는 느낌이 들어 부담스러울 때가 있다.	0	1	2	3	4	5
19	배우자와 함께 있을 때, 때로 나는 가슴이 답답하거나 숨이 막힐 것 같은 때가 있다.	0	1	2	3	4	5
26	배우자가 나를 너무 구속하지 않으면 우리 부부관계는 더 좋아질 것 같다.	0	1	2	3	4	5
34	나는 자라면서 집을 나가고 싶은 충동을 자주 느꼈다.	0	1	2	3	4	5

(3) 자기 분화 차원: 심리내적+대인관계 차원

하위요인: 정서적 융합

	질문	전혀 그렇지 않다	대체로 그렇지 않다	조금 그렇지 않다	조금 그렇다	대체로 그렇다	매우 그렇다
2	배우자가 나를 비난하면 한동안 마음이 괴롭다.	0	1	2	3	4	5
6	나는 살면서 만나는 대부분의 사람에게서 인정을 받고 싶어 한다.	0	1	2	3	4	5
11	다른 사람이 나를 비판하는 것에 대해 지나치게 민감하다.	0	1	2	3	4	5
16	누군가에게 화가 나면 쉽게 그것을 풀지 못한다.	0	1	2	3	4	5
21	나는 예민한 편이어서 다른 사람에게서 상처를 잘 받는다.	0	1	2	3	4	5
23	아직도 나는 부모님이나 형제자매와 다투고 나면 기분이 엉망이 된다.	0	1	2	3	4	5
28	배우자를 포함한 가까운 사람과 말다툼을 하고 나면 하루 종일 그 일을 생각한다.	0	1	2	3	4	5
31	나는 배우자가 내 생각이나 기분을 인정해주지 않으면 마음이 불편하다.	0	1	2	3	4	5
36	나는 누군가에게 무시를 당하면 자존심이 상한다.	0	1	2	3	4	5

1. 위 문항 중 4, 8, 13, 18, 25, 29, 33, 38번을 제외한 모든 문항은 역점으로 계산한다. 즉, 0점으로 표기한 문항을 5점으로, 1점으로 표기한 문항을 4점으로, 2점으로 표기한 문항을 3점으로 계산하면 된다. (0⇒5, 1⇒4, 2⇒3, 3⇒2, 4⇒1, 5⇒0)

2. 각 하위요인 별로 점수를 합산하여 계산하면 해당 하위요인에 대한 자신의 점수를 알 수 있다. 점수가 높을수록 자기 분화 수준이 높다.

3. 전체 문항을 합산하여 일반적으로 평균을 사용할 수 있으며, 보웬의 제안에 따라 자기 분화 수준을 0~100점 사이의 백분위 점수로 환산할 수 있다. 그 공식은 백분위 점수=원점수(범위 0~190)*100/190이다.

4. 미혼인 경우 문장 속의 '배우자'를 중요한 타인, 파트너, 이성친구 등으로 변경할 수 있다.

· 보웬은 자기분화 수준을 총 4단계로 구분하였다. 1단계가
  가장 낮은 수준이고, 4단계가 가장 높은 수준이다.

1. 자기 분화 수준 1단계: 가짜 자기_Pseudo Self/0~25점

- 만성 증상(Chronic Symptom)
- 정서와 지적 체계의 융해로 자아 분화가 거의 되어 있지 않
  은 상태이다.
- 자신의 생각을 말하기 어렵고 감정에 의해 결정되는 삶을
  산다.
- 대부분 감정반사 행동을 한다.
- 강한 융해관계를 갖는다.
- 자신에 대한 신념이나 확신을 거의 찾아보기 어렵다.
- 일상생활을 거의 유지하지 못한다.
- 융통성이 적고 적응력이 부족하고 정서적으로 의존적이
  므로 쉽게 긴장한다. 따라서 역기능을 극복하기가 매우 힘
  들다.

2. 자기 분화 수준 2단계: 가짜 자기_Pseudo Self/25~50점

-   중상 회복이 늦음(Symptom Recovery Slow)
-   정서적 체계와 지적 체계 사이에 '분화'가 시작된다.
-   감정에 의한 융해관계가 생기는 경향이 있다.
-   생활은 관계 지향적이고 대부분의 에너지는 다른 사람의 인정과 사랑을 받기 위해 사용한다.
-   자기 존중이 다른 사람에게 달려 있다.
-   일상생활은 관계 지향적으로 다른 사람에게 예민하게 반응한다.
-   다른 사람의 인정을 받지 못하면 감정반사 행동을 한다.
-   예민한 반응, 충동적인 행동으로 반응한다. 관계에서 친밀감을 추구하며 실패할 경우, 우울 등 신경증적인 증상이 나타난다.

3. 자기 분화 수준 3단계: 진짜 자기_Sloid Self/50~75점

-   약한 목표지향 활동(Low Goal Directed Activity)
-   정서적 체계와 지적 체계 사이에 기본적 '분화'가 되어 있는 상태다.
-   지적 체계가 충분히 발전하여서 '불안'이 증가할 때도 정서적 체계에 의해 지배받지 않고 자율적으로 자기를 지키고

기능한다.

- 역할로서의 기능을 충분히 수행하여 생활은 좀 더 질서가 있고 폭 넓은 사회 환경에 성공적으로 적응한다.
- 문제를 가지고 있지 않거나 극복할 수 있다.

4. 자기 분화 수준 4단계: 진짜 자기_Sloid Self/75~100점

- 강한 목표지향 활동(High Goal Directed Activity)
- 여기에 속하는 사람은 아주 드물고 거의 완전한 성숙함을 나타내고 높은 수준의 독립성을 가지고 있다.
- '불안'을 다룰 수 있는 능력이 있다.
- 자신의 내면에서부터 결정된 삶을 산다.
- 자신에 대한 분명한 믿음을 가지고 산다.
- 지적 체계와 감정 체계의 상호작용이 활발하다.

가족 안에 형성된
시스템 바로잡기

한 청년이 청소년 때부터 상담을 왔어요. 오랜 기간 이어진 상담이었는데요. 처음 봤을 때 아주 똑똑해서 영재 학교를 들어갈 정도였어요. 그런데 청년의 엄마가 콤플렉스가 있었어요. 엄마 자신도 공부를 많이 하고 싶었는데, 그만큼 하지 못해서 아이가 공부 잘하는 게 너무 좋았다고 해요. 그런데 이 공부 잘하는 아이를 어떻게 심리적으로 건강하게 이끌어가야 하는지는 몰랐던 거예요. 아이를 계속 다그치면서 막 잡아끌었던 거죠. 그러면서 엄마와의 관계에서 문제가 생겼어요. 아이의 자존감을 향상시키는 게 아니라, 자아를 자라지 못하게 하고 "엄마가 하는 대로만 따라와” 이렇게 되니까 그게 싫어서 계속 싸우게 되었고, 심각한 갈등을 빚은 거죠. 그래서 상담을 하게 되었는데, 상담을 하러 온 엄마의 첫 마디가 “선생님, 우리 애 이렇게 저 안 따라오면 안 되잖아요. 상담해서 우리 아이, 제 말 좀 잘 듣게 해주세요”였어요. 이 엄마는 불안하고 조급한 상태였어요.

자기는 공부 많이 못해서 무시당하면서 살았는데, 아이가 공부를 잘하니 자기도 멋지게 인정받는 느낌이었거든요. 그런데 아이가 자기 뜻대로 안 되니까 그걸 놓지를 못하는 거죠. 아이와 평생 힘겨루기가 되는 거예요. 그래도 아이가 워낙 뛰어나서 명문대에 들어갔어요. 그런데 그게 끝이 아니에요. 전공을 두고도 갈등, 진로를 두고도 갈등, 계속 그런 갈등이 이어져요.

성인이 된 이 청년의 호소는 자기가 무언가를 하고 있으면 “넌 지금 충분하지 않아. 너 지금 그거 할 때가 아니야, 다른 거 해야 돼” 이런 말이 들린대요.

그러니 집중도 할 수 없고, 더 이상 다음 단계로 넘어갈 수 없게끔 즐거움도 멈춰버리는 거죠. 그렇게 상담을 한두 번 오다가 안 오고 몇 년 후에 다시 오고를 반복하다가 오랜만에 상담에 다시 왔을 때의 모습을 보니 여전히 너무 무기력하고 자신감이 없었습니다.

'저 많은 능력과 재능을 가지고도 이렇게 힘이 없구나. 아, 평생 엄마와 힘겨루기를 하는구나.'

엄마가 이 청년에게 평생에 걸쳐 계속 심어준 메시지가 있어요.

'아무 생각하지 마. 나만 따라오면 멋진 인생 살 거야."

그런데 지금 모습은 너무 안타깝거든요. 그래서 제가 이렇게 말했어요.

"오랫동안 지켜봐왔잖아요. 정말 재능 있고 훌륭한 사람이에요. 그런데 이건 아직 내 목소리니까 정말 꾸준하게 상담 받아서 이 이야기가 자신의 목소리가 될 때까지 와야 해요."

꾸준히 이어지진 않았지만 그래도 10년 넘는 세월 동

안 몇 년 만이라도 잊지 않고 오는 건, 나와의 상담이 매달리고 싶은 지푸라기구나 하는 생각이 들더라고요. 그래서 제가 이번에 꼭 붙잡았어요.

타인의 피드백이 내 안의 구조를 형성하는 데 상당히 영향을 끼치지만 나중에는 나로부터 발생하는 목소리가 구조를 만들어야 해요. 그렇게 변화된 목소리를 통해 관계의 핵심적인 변화가 이루어집니다.

가족 안에 엉킨 미분화 시스템을 이해하고 그 안에서 자신의 건강한 독립을 이루기 위해서는 다양한 노력들이 필요해요. 우선 자기 목소리의 확립이 필요하고 나를 옭아매는 관계를 조정해야 해요. 시선을 멀리 둘 수 있어야 하죠. 그렇게 미분화에서 분화된 나로 성장하는 시간이 필요합니다.

파트
3

___

내 안에서
일어나는
관계의 비밀

나의 관계 패턴은
무엇인가

관계를 형성하는 자기 패턴을 면밀히 들여다봐야 하는 이유가 있어요. 이 관계가 나에게서 그치는 것이 아니라 나와 중요한 존재들에게서 되풀이되기 때문입니다.

예를 들어, 내가 아이를 보는 것도 내 눈을 통해서 보는 거잖아요. 내 눈이 아닌 타인의 눈으로 볼 수는 없으니까요. 내가 갖고 있는 시력의 한계를 통해서만 볼 수가 있는 건데 이 안에 나의 경험, 내가 갖고 있는 어린아이에 대한 나의 인식, 이런 것들이 다 들어있는 거예요. 이 안경을 통해서 보니까 그 아이가 실제 그 아이인지 아님 이 안경을 통해서 필터링되어 있는 아이인지는 구분이 안 되는 거죠. 자기로 끝나는 게 아니라 아이한테도 이어지는 거예요.

그런데 바탕색이 맑거나 좋았으면 무조건 잘 보일 거고, 인식 자체가 왜곡되어 있으면 다 부정적으로 보입니다. 그래서 어떤 부모는 자기가 자신감이 없으면 아이가 하는 행동에 대해서도 자기가 더 부끄러워해요. 왜냐하면, 자신이 부끄러우니까 아이의 행동이 남들이 보기에 별 볼 일 없는, 부족한 행동으로 보이는 거예요. 그러면 과한 반응이 나타나죠. "넌 왜 그러니? 너는 왜 그 정도밖에 못 하니?" 이렇게 얘기를 하면서 본인이 느끼는 자기의식을 아이한테 심어주게 돼요.

또 어떤 사람들은 역으로 나오기도 해요. '내가 인정받지 못했으니까 너는 내가 아주 정반대로 공주처럼, 왕자처럼 키울 거야' 해서 과하게 잘해줘요. 그런데 기본 전제가 아이를 있는 그대로 보는 게 아니라 내가 만들어놓은, 어린 시절에 경험하고 있었던 나를 가져다가 아이에게 '투사Projection'를 하는 거예요. 투사는 자신의 성격, 감정, 행동 등의 욕구를 자신의 것이 아닌, 다른 사람의 것으로 돌리는 방어기제입니다. 이런 투사가 이루어지면 아이가 안 보여요. 아이가 갖고 있는 특징들을 그대로 봐야 되는데 내 꿈을 심어놓는 거죠. 그러면 이 아이는 내가 존중받고 있다고 느낄 수 없습니다.

이런 인식의 패턴이 깊게 새겨져 있는데 이것을 극복하기까지 어떤 사람은 긴 과정을 통해서 회복하고, 어떤 사람은 비교적 시간이 짧게 걸리기도 해요. 안타깝지만 결국 자기가 겪었던 부모자녀 관계에서 가지고 있는 토양이 어느 정도냐에 따라 달라집니다. 부모자녀 관계에서 안정애착이 형성되었거나 조금 더 풍족한 사랑을 경험한 사람들은 빨리 회복이 되는 거고, 관계 손상이 심한 사람들은 자존감을 채워서 관계를 객관화할 수 있는 시간이 오래 걸려요.

강조하고 싶은 것은 생애 초기의 경험, 애착 관계가 이루어지는 중요한 시기의 경험은 중요하지만 결코 복구되지 않는 것은 아니에요. 그 시기만이 온 생애의 삶을 결정짓는 것은 아니란 거죠. 과거가 현재에 끼치는 영향을 이해하고 있으면 돼요. 내가 맺고 있는 중요한 관계에서의 패턴과 특징을 이해하고 내가 어떻게 관계를 맺고 있는가에 대해 면밀하게 살펴봅니다. 그리고 부모나 주양육자가 아니더라도, 주변에 신뢰할 만하고 안정적인 사람들과의 관계를 통해 안전기지를 구축할 수 있어요.

상담이 그럴 때 많은 도움이 됩니다. 또 책을 읽고 이론을 알고, 나의 패턴을 돌아보는 것도 좋습니다. '내가 과했구나', '내가 이렇게 무너졌구나', '내가 불안하구나' 나의 관계 패턴을 이해하고 인지하고 있으면 조심할 수 있어요. 그리고 자신의 취약한 점을 개선하고 복구할 수 있습니다.

관계에서 작용한
투사적 동일시

'투사적 동일시Projective Identification'라는 개념이 있어요. 자신이 갖고 있는 원초적인 관계 경험들을 다른 모든 사람들과 반복하는 거예요. 특히 깊고 친밀한 관계에서 더 나타나요. 그래서 가까운 관계에서는 투사적 동일시를 이해하는 것이 도움이 돼요.

부모와의 관계에서 내가 신뢰를 형성한 관계를 경험하고 존중받았으면 어딜 가서도 신뢰 가득한 눈으로 다른 사람들을 바라봅니다. 그리고 확신이 있죠. '어차피 선생님 나 좋아할 거죠? 내가 하는 행동 예쁘죠?' 이런 시선으로 바라보는 거예요. 그러니 이런 아이들은 상대방에게 긍정의 마음을 불러일으킵니다.

투사적 동일시는 자신의 문제 패턴을 자신 안에서 그치지 않고 다른 사람들에게 던지고 조정하면서 그 관계를 자기 패턴대로 만들어요.

어떤 사람이 그림을 벽에 걸려고 했는데 망치가 없는 거예요. 그래서 이웃집에 가서 빌려야겠다고 생각합니다. 그런데 생각해보니까 일요일 오전이라 혹시 늦잠이라도 자면 내가 초인종을 누르면 싫어할 것 같다는 생각이 드는 거죠. 그런데 싫어할 거라고 생각하니까 또 화가 나는 거예요.

'뭐 이웃인데 빌릴 수도 있는 거지, 그럴 수도 있는 거지.'

이런 생각을 하면서도 왜 쉬는 날 휴식을 방해하느냐고 화를 낼 것 같기도 해요. 그런 생각 속에서 점점 불안과 분노가 차올라요. 온갖 생각이 뒤범벅이 된 채로 옆집에 가서는 문을 탁 두들깁니다. 이웃집 사람이 문을 열고 나왔는데 다짜고짜 "그놈의 망치 얼마나 대단하다고. 혼자 잘 먹고 잘 살아라" 말합니다. 이웃집 사람은 얼마나 당황스러워요. 이렇게 혼자 속으로 시나리오를 다 쓰다가 분에 못 이겨 화를 내면 이웃집 사람도 화가 나죠. 정말 자신의 상상대로 이웃집 사람도 부정적으로 반응할 수밖에 없고 그 관계는 엉망이 되는 거구요.

상담에 와서도 마찬가지예요. 내담자들이 바깥에서만 그런 관계를 반복하지는 않을 겁니다. 평소 관계가 많이 힘든데 상담을 하면 조금 더 수용해주고 위로해주고 자기 편이 되어줄 거라는 기대를 하고 옵니다. 그런데 어느 순간에 자기 패턴이 올라오는 거예요.

'정말 그럴까? 저 사람도 다른 사람처럼 나를 미워하지 않을까? 나를 또 부정적으로 평가하지 않을까?'

이런 것들을 생각하면서 그런 눈으로 보기 시작하면 상대방으로 하여금 그 느낌을 갖게 만들어요.

그것을 전제로 해서 행동을 하면 그때서부터 막 미운 행동들이 나오는 거예요. 하지만 상담에서는 그걸 놓치지 않고 봐줘야 됩니다. '아, 지금 이상한 회로가 계속 돌고 있구나. 그래서 여기서도 나한테 저런 행동을 하는구나' 그러면서 끊임없이 그 행동을 거울로 비춰줘야 되는 거예요.

"왜 그런 행동을 하셨을까요? 왜 이렇게 와서 문을 두들기고 소리를 치게 되었을까요? 그렇게 할 만한 이유가 있는지 궁금해요. 저는 조금 더 편안하게 얘기를 들으면서 '그 행동을 왜 하게 되었는지'에 대해 알아보고 싶어요."

내담자는 처음에는 자기 패턴을 파악하지 못해요. 상담을 길게 하면 이게 결국 본인이 만들어낸 역동이라는 걸 알게 돼요. 그런데 상담이 깊어지지 않은 시작 단계에선 다 남의 문제입니다.

"저 사람이 나를 경멸의 눈초리로 쳐다봤어요. 가서 문을 뜯어야 되는데 결국은 문을 탁 닫고 저를 외면했어요."

이렇게 얘기가 나오는 거예요.
아주 가까운 관계, 친밀한 관계는 이런 투사적 동일시가 일어나기 쉬운 관계이기도 해요. 그래서 긴밀하고 중요한 관계인 부모, 배우자, 연인, 자녀에게 이 투사적 동일시가 나타나요. 이상하게 그 관계에서 나에게만 걸리는 부분이 있다고 하면 이 관계에는 투사적 동일시의 패턴이 있습니다.

그런데 안타까운 건 자신이 투사적 동일시를 하는지 모르는 거예요. 자신 안에 내재된 부정적인 관계 패턴을 중요한 관계에서 반복하는 것인데 이것을 스스로 알 수 있어야 돼요. 그래서 투사적 동일시를 이해하는 것이 필요해요. 투사적 동일시를 아는 것이 결국은 자기의 관계 패턴을 아는 거니까요.

나의 투사적 동일시를 이해하면 나의 주요한 감정과 대면할 수 있는 거리를 갖게 됩니다. 그러면 그 감정을 받아들이고 파악할 수 있는 여지가 생기는 거죠. 그렇게 상대의 감정과 나의 감정을 분리하면서 '내 감정이 지금 어떻게 작용하는가'를 알 수 있게 됩니다.

아무것도 할 수 없게 만드는
관계의 늪

어느 젊은 남성이 심각한 얼굴로 상담실을 찾아왔어요. 부부 문제 상담을 온 것인데, 결혼한 지 얼마 안 되어서 아내가 남편에게 헤어지자고 했다는 거예요. 아내가 더 이상 당신과는 살 수 없다고 하고 집을 나갔대요. 그래서 남편이 너무 답답해서 상담을 하러 왔어요. 집을 나간 뒤 몇 달 동안 연락이 없다가 이혼하겠다고 하는데 이혼 사유를 도저히 모르겠다고 해요.

본인 입장에서 지금까지의 과정이 어땠느냐고 물어봤더니, 소개를 받고 아내를 만났는데 너무 마음에 들었고, 보호해주고 싶은 마음에 헌신적으로 아내를 챙겨줬다고 해요. 연애 기간에는 정성 담긴 선물도 많이 하고, 도움이 필요할 땐 얼른 달려가서 해결해주고요. 그리고 결혼을 준비하면서도 모든 과정을 남자가 부담했어요. 그런데 결혼한 뒤에 날벼락같이 아내가 자취를 감추고 집을 나가더니, 이별 선고를 한 거죠.

자긴 어떻게 된 영문인지 몰라서 상담을 왔다고 합니다. 아내한테 이야기해보려고 자꾸 다가갔지만 그럴수록 아내가 더 움츠러든다는 거예요. "당신이 오는 것 자체가 마치 스토커처럼 나를 공격하러 오는 것 같고, 무섭다", "당신과 나를 보호하기 위해서 법적 조치라도 하고 싶다" 이런 이야기까지 나온다는 거죠.

'아내가 이해되지 않는다. 아내가 이상하다' 그런 시선에만 머무른다면 아무것도 진행이 되지 않습니다. 다행히 꾸준히 상담에 와주었고, 오랜 시간 상담이 진행되면서 아내도 상담에 참여하게 되었어요.

이 문제를 풀기 위해 여러 각도로 보기 시작했어요. 현재의 갈등 요소뿐만 아니라 조금 더 확장해서 더 큰 맥락 안에서 보는 것이 필요했습니다. 그러면서 이 두 사람의 원가족을 들여다보았습니다.

상담을 통해 이 원가족의 특성을 확인할 수 있었는데, 아내의 부모님은 부부 갈등이 아주 심했어요. 무책임하게 가족을 돌보지 않은 아버지는 늘 어머니랑 싸우다가 지금은 가족과 완전히 단절된 상태였어요. 그래서 어머니와 딸이 아주 밀접하게 뭉쳐 있는 미분화 상태였죠. 그래서 아내가 바라는 배우자는 무조건 가정을 책임지는 사람이었어요. 자신의 상황을 책임감 있게 고민하고 관심을 갖는 사람이었고, 남편은 마침 그런 사람이었어요.

그런데 결혼 생활을 시작한 지 얼마 안 돼서 일순간 남편이 갖고 있는 특징이 부정적으로 다가온 거예요.

참 이상하잖아요. 그런데 투사적 동일시의 렌즈로 들여다보면 조금씩 실마리가 풀리는 것을 볼 수 있어요. 아내는 아버지의 관계에서 상처와 결핍이 있었어요. 아버지에게 보살핌을 받지 못하고 사랑받지 못했죠. 어쩌면 배우자, 이성에 대한 결핍이 크게 자리할 수 있어요. 반대되는 성향을 지닌 사람을 만나고 선택했는데, 그 사람에게서 거부적인 요소를 찾아내요. 남편이 매우 적극적이고 주도적으로 밀어붙이는 성향이에요. 그런데 거기에서 무책임한 요소를 찾아내는 거예요.

"봐봐. 그렇게 나 책임진다고 해놓고 일방적으로 다 결정하잖아. 내 의견을 쏙 빼놓고 무책임한 건 똑같아. 지난번에도 그랬는데 지금도 그러잖아. 은근히 나 무시하는 거 내가 모를 것 같아?"

이렇게 메시지를 던집니다. 남편의 추진력은 존중 없음, 배려 없음이 되면서 어느 순간 아내한테 관심이 없는 무책임한 사람이 되어 있죠. 이런 메시지를 계속 던지고 남편에게서 그런 점을 발견하면 바로 건져 올려서 공격합니다. 투사적 동일시에 한번 휘말리기 시작하면 이런 해결사적인 남편도 아무것도 할 수 없는, 완전히 무능력하고 무기력한 존재가 돼요.

아버지와 정반대인 사람을 찾았는데 본인이 이 남편을 아버지와 아주 비슷한 사람으로 만들어 놓는 거죠. 투사적 동일시는 본인이 인식하기가 상당히 어려워요. 자신이 어느 지점에 이걸 사용하고 있는지 잘 인식하지 못해요.

자신의 투사적 동일시를 아는 것은 자신의 무의식적 관계 패턴을 아는 것과 같아요. 상처에 따라서 어떤 경우에는 내가 느낀 감정들을 그대로 느끼게 하기도 하고 내 아버지의 모습을 내 배우자가 그대로 하게끔 하고요. 아버지와의 관계에서 생겼던 내적인 상처와 문제를 새로운 관계에 끌어와서 반복하는 것이 투사적 동일시의 모습입니다.

남편의 특징을 보면, 항상 목표를 설정하고 과감히 달려서 불가능을 가능으로 해내는 사람인데, 남편이 아내에게 대화를 시도해보려 하면 '일방적이다, 존중하지 않는다', 무언가를 해보려고 하면 '의견을 듣지 않는다', 가만히 있으면 '그것 봐, 역시 무책임해', 이러면서 이 결혼 관계에서는 완전히 무능력자가 되어버리는 거예요. 결국 아내의 메시지대로 이도저도, 아무것도 할 수 없는 무능력자인 거죠. 이것이 투사적 동일시의 늪이기도 합니다.

자기 내면의
무의식적 핵심 과제

　투사와 투사적 동일시를 구분해서 설명하도록 할게
요. 심리학 개념으로 투사와 투사적 동일시가 있는데 이
부분이 많이 헷갈려요. 가장 쉽게 구분하면 투사는 일방
적이고, 투사적 동일시는 상호작용이에요. 투사는 이렇
게 작용해요. 이 아내가 결혼생활에 대한 이상향을 가집
니다.

　'아, 나도 저 사람들처럼 살고 싶어. 아마 남편도 같을 거야.'
　'내가 이렇게 사랑에 허기져 있으면 다른 사람도 그렇겠지.'

이렇게 투사는 자기 안에 있는 감정을 밖으로 드러낸 일방향의 성격을 가져요. 그런데 투사적 동일시는 자기 안에서 소화하기 어려운 감정들을 상대방에게 던지고 자신과 같은 감정을 느끼도록 하는 상호작용이 일어나게 해요. 반복적으로 자신도 모르게 '거봐, 맞지? 그럼, 그렇지' 하면서 상대의 반응을 유도하고 조정하는 거예요. 그래서 관계 측면에서 '투사적 동일시'의 역동과 반응을 잘 알 수 있어야 해요. 결국 내가 불러온 상호작용이니까요.

아내의 내적 측면에서 이런 투사적 동일시가 작용되고 있다는 것을 이해하고 남편의 경우를 좀더 살펴보기로 했어요. 아내의 측면에서만 펼쳐보는 것이 아니라 남편의 측면에서도 다시 펼쳐보기로 한 거죠.

이 사람이 갖고 있는 특징을 살펴보면, 추진력, 책임감, 이런 단어가 떠올라요. 이 몇 가지 핵심 단어들이 이 사람이 지금까지 삶을 일으켜온 원동력이었어요.

그런데 이 사람 안에는 묘한 슬픔이 있어요. 이 사람의 아버지는 굉장히 돈이 많은 사람인데 할아버지와 아버지는 가진 재산을 계속 날리는 사람이었어요. 경제적인 활동은 아무것도 하지 않으면서 집안에 재산이 많으니까 그 많은 돈을 도박과 여자관계로 탕진합니다. 할아버지와 아버지 때까지는 그 부를 유지했지만 이 사람이 성장할 때는 완전히 몰락해버렸죠. 그래서 이 사람은 아버지를 생각하면 아주 복잡한 감정이 있어요. 그리고 절대로 "내 아버지같이 살면 안 된다"가 이 사람의 인생의 모토가 됩니다.

어렸을 때 친구들이 자신의 아버지를 말할 때 "아버지가 이 세상에서 제일 존경스러워요. 아버지 같은 사람이 되고 싶어요" 그런 얘기를 옆에서 들으면 부러움, 수치스러움이 밀려와 매우 마음이 아팠다고 해요. 아버지는 무능력한 반면, 어머니가 있는 힘껏 가정을 지킨 덕에 공부할 수 있었고 사회에서 안정적으로 자기 몫을 하게 되었어요. 그런 가정환경으로 아버지는 나쁜 사람이고, 어머니는 희생만 한 불쌍한 사람이라는 개념이 단단히 자리 잡고 있었어요. 마음 근간에는 항상 "내 아버지같이 살면 안 된다"가 깊이 박혀 있었고요.

이런 내면의 응어리가 이 사람의 인생을 옥죄고 흔들어요. 이 사람은 어떤 어려움이 있어도 혼자 해결하면서 성장했어요. 그러면서 열심히 사는 것에 대한 긍정적인 자원들로 인해 인정을 받고 살았어요. 그렇게 세상을 대하는 자세를 내재화했고요.

그런데 아내가 보기에는 이 사람의 속도가 너무 빠르고 과격하게 느껴진 거죠. 아내가 바랐던 섬세한 부분에서는 부족할 수 있었던 거고요. 어떤 일을 해내는 성취 측면에서는 능력이 발달했지만 상대방에게 결을 맞추는 부분에서는 모자랐던 거죠. 그런 부분들을 보기 시작한 거예요.

그리고 복합적인 문제들이 엉키고 자신의 부정적인 투사적 동일시가 작용하면서 관계가 매우 악화된 상황이었어요.

이런 이야기들이 진행되면서 처음에는 답이 안 나오는 이야기였는데 꽉 묶여 있던 매듭에 어딘가에서 풀 수 있는 여지가 서서히 보이기 시작했어요. 아내에게는 이렇게 해야겠구나, 그리고 아내와 이런 점에서 속도를 맞춰야겠구나 하는 것들이 보이고요.

상담을 할 때 액면 그대로 사실의 이야기로만 들을 게 아니라 관계 메시지를 들을 수 있어야 해요.

"'이 모든 게 내 거야. 내가 한 거야' 그러면서 나는 당신을 따라가야 한다는 거잖아요. 그래요. 어차피 당신이 만들어놓았으니 다 당신 거고, 당신 마음대로 하세요. 그러니 제발 나는 건드리지 마세요."

이것이 아내의 메시지라는 거죠. 이런 측면들을 보게 하면서 상황들의 이면이 드러났어요. 이렇게 상담을 통해 하나하나 진도를 나갈 수 있었습니다.

투사적 동일시를 더 들여다보면, 투사적 동일시는 부정적인 내 패턴을 상대방에게 집어넣어요. 중요한 관계에서 버림받을까봐 두려워하는 내담자가 있었어요. 이 내담자는 돌도 안 되었을 때 부모가 이혼하고 아버지가 양육을 맡았어요. 아버지는 돈 벌러 나가서 1년에 한 번 집에 올까말까 했고, 친할머니 손에 키워졌는데 친할머니 돌아가시고 나서는 사춘기 무렵부터 굉장히 어려움을 겪었다고 해요. 이 사람의 두려움은 '상대방은 나를 버릴 것'이에요. 연인을 만나면 곧 이 사람도 날 떠날 것이란 두려움을 가집니다. 그리고 '당신도 날 버릴 거지'라는 메시지를 보냅니다.

이런 생각이 깊이 담겨 있어서 수시로 표출되죠. 상대방도 끊임없이 그런 메시지를 보내는 내담자가 편하지 않습니다. 난 절대 그러지 않는다고 하지만 시간이 지나면 지치게 되고, 어느 순간 연락이 뜸해지고 바라보는 눈빛이 건조해져요. 지속적으로 메시지를 보내고 그 행동이 일어나도록 만드는 것이 투사적 동일시 과정이에요. 연인에게 이걸 가지고 관계를 형성하고, 배우자, 또 자녀에게도 이 패턴을 반복해요.

사실은 버림받고 싶지 않거든요. 이건 날 버리지 말라는 메시지거든요. "나의 이 공격에도 버텨줘, 끝내 버티고 버텨서 날 절대로 버리지 말아줘"거든요. 그런데 상대방이 이렇게 버티기가 쉽지 않죠.

상대방이 버릴 것 같아서 두려워하는 마음, 동시에 절대로 버림받고 싶지 않은 욕구가 있습니다. 그리고 행여라도 내가 버림받았을 때 크게 상처받지 않으려고 마음의 준비를 하는 측면도 있어요. 그래서 투사적 동일시는 방어기제이기도 해요. 이런 것들이 복합적으로 맞물리는 거예요. 내 상처가 제대로 아물지 않으면 불편한 거예요. 이쪽 팔이 아파서 치유가 되지 않으면 이 팔을 오그린 채로 살아야 되는 거잖아요. 물론 다른 부분은 괜찮지만 이게 계속 나를 불편하게 하는 거죠. '혹시 또 건드리면 어떡하지, 누가 지나치면서 아프게 되면 어떡하지, 이 아픔을 견디기 위해선 내가 나를 보호하고 이 상처를 피해가도록 만들어야지' 이러면서 많은 문제 행동들이 나오게 됩니다.

어떤 내담자는 실제 상호작용을 할 때 평상시 다른 사람의 눈에는 일상생활 곳곳에서 무시를 당하고 싶어 하는 사람처럼 보여져요. 그런데 이런 것을 스스로는 알지 못해요. 그리고 이렇게 말하죠.

"관계가 너무 어려워요. 도무지 이유를 알 수 없어요."

왜 관계가 어려운지는 설명할 수 없어요. 내가 관계를 맺는 방식은 이것뿐이라서 건강한 관계는 어떻게 맺을 수 있는지 전혀 개념화되지 않은 것처럼요. 마치 무시당하지 않으면 상대와의 연결감을 느낄 수 없는 거죠. 안타깝지만 투사적 동일시는 그런 병리적 패턴을 만들어냅니다.

투사적 동일시를 아는 게 왜 중요하냐면 나의 취약한 관계 패턴을 이해하고 나면 조금 다른 해석들을 할 수 있기 때문입니다. 다른 시선을 갖게 되는 거죠. 이 관계는 정말 아니었구나, 이것은 내 힘으로 극복할 수 없는 관계구나, 이렇게 내 패턴은 알아내야 한다는 마음을 가지게 됩니다. 그래야 새로운 사람을 만났을 때 '이것은 잘못된 거구나', '이것은 상대방에게도, 나에게도 해가 되는구나' 하면서 패턴이 반복되지 않도록 조심할 수 있습니다.

패턴을 이해하고
변화하는 관계

　40대 초반의 한 여성이 기억나요. 남편도 보살피고 애들도 보살피고 거기에 시부모, 친정 부모도 다 보살피는데 어느 순간 자기가 없다고 느끼게 되었다고 해요. 그래서 자기 목소리를 내기 시작하고 싶어서 상담을 왔어요.

　남편은 자기 부모가 까다로운 사람들인데 아내가 부모에게 잘하니까 남편은 쏙 빠져버리고 모든 것을 아내에게 맡겼어요. 시댁에서 하는 아내의 역할이 집안의 모든 일을 책임지는 건데 어느 순간 이건 못할 것 같아서 "못 가겠다" 버티기 시작한 거죠. 그랬더니 집안이 다 난리가 났어요.

남편도 극단적으로 경제적인 부분을 딱 끊으면서 "왜 이러는 거냐" 했는데 이 여성이 선언을 합니다.

"난 이 집의 비서가 아니고 당신의 파트너고 나는 부모님하고도 이런 관계는 싫다. 나는 존중받고 서로 존중하는 관계였으면 좋겠다."

이렇게 이야기를 했어요. 자신의 목소리를 내고 변화하기 시작하는데 그 후 2년 정도는 큰 진통을 겪고 차츰 시스템이 달라졌어요.

이 여성은 자기 욕구로 보기 시작한 거예요. 자기 욕구를 보면서 스스로를 존중하고 내가 나를 존중하니까 남들도 자신을 존중하게 만들었어요. 그리고 자신을 줄곧 괴롭혀온 문제인 남들을 피해의식으로 보았던 것도 사라졌습니다. 남편에게 서운한 점이 있으면 극단으로 치달았는데 내가 변하니까 다른 해석이 가능해지고요. 이제 이 여성은 분화된 거죠.

초기에는 너무 괴로워했어요. '내가 집안의 분란을 만들었구나. 이러다 진짜 무슨 일이 생기는 건 아닌가' 죄책감도 많이 느끼고요. 그럴 때 "충분히 그렇게 느낄 수 있다. 그러나 이 과정의 끝은 분란과 단절이 아니라 더 잘 연결되기 위한 거다" 이렇게 이야기하고 "부모님을 믿어보자. 오히려 부모님한테 기회를 드리는 거고, 진정으로 더 잘 연결되기 위한 관계 개선일 거다" 안심시켜주었어요.

그런데 이 패턴이 부모, 남편뿐만 아니라 자녀들한테 영향을 미치고 있었거든요. 자녀들한테도 다 알아서 해주면서 아이들이 엄마한테 모든 걸 의존하게 만드는 상황이었어요. 그래서 자녀들도 자신의 욕구가 있음을 제가 이야기했어요.

"아이들도 스스로의 욕구를 볼 줄 알아야 자신만의 인생을 살아가요. 그걸 인정해야 돼요."

같은 상황이라도 안 좋은 상황만을 생각할 때는 그 길로 가는 것이고 좋은 상황이라고 의미를 부여하면 또 다른 방향이 열리거든요.

피해의식을 가진 사람들이 "남들은 나한테 잘 못 해요" 하면서 주변 사람들을 괴롭히는 경우가 있어요. 그 사람들을 나쁜 사람이라고 생각하기 때문에 "나쁜 사람"이라는 전제 하에서 행동을 하는 것들이 그들한테도 상처거든요. 이런 의도가 아닐 수 있어요.

이런 것처럼 "우리 남편은 너무 이기적인 사람, 자기 아래로만 두는 사람" 이렇게 생각하다 보니까 남편이 존경스럽지 않고 좋게 보이지도 않죠. 그래서 상처가 되는 말도 하게 되고 마음을 닫고 차단하는 부분들이 있었는데, 상담을 통해서 보니까 이게 피해의식이 만들어내는 여러 가지 에피소드들 중에 하나인 걸 알았어요.

그래서 참 존중이 무엇인지를 이 가족이 경험하기 시작한 거예요. 이 여성은 기존에 집안의 일을 모두 해주면서 인정받는 게 자기효능감이었거든요. 그것을 내려놓으니 '이제는 나는 할 일도 없고 남들이 날 필요로 하지도 않고 사랑받는 느낌도 없구나' 이런 마음으로 힘들기도 했습니다. 하지만 거기서 스스로 버티고 견뎌낸 거죠. 이 과정을 통해 자기 패턴을 이해하고 변화할 수 있었어요.

나의 무의식적 버튼이 준
고통

　어떤 가족이 상담을 왔는데 들어오는 순간, 상담실이 완전 회색으로 다 변한 느낌이 들었어요. 네 명의 가족이 었는데 그 가족이 뿜어내는 기운이 너무 어둡고 힘들어 보이는 거예요. 남동생인 남자아이는 고개를 푹 숙이고 게임만 하고 있고, 아빠는 화가 잔뜩 나 있어요. 엄마는 여기저기 눈치를 보면서 쩔쩔매고 있고요. 누나는 조용히 자리에 앉아 있었는데 간혹 보이는 눈빛이 너무 공허했어요.

　이 가족의 문제는 남자아이가 중학교 1학년 때 자퇴를 해서 학교를 안 다닌다고 해요. 체중이 40키로도 되지 않고요. 상담하러 온 것도 부모가 억지로 데려와서 화가 잔뜩 난 것 같더라고요.

이야기를 들어보니 아빠가 아이를 때려요. 아이가 말을 안 듣는다고 엄마가 아빠를 조정하면서 매를 들게 한 거였는데, 그러고 나서는 엄마는 관여를 하지 않았어요. 남편이 어떤 부분에 자극을 받는지 엄마가 너무 잘 파악하고 있었거든요.

아빠의 지난 삶을 살펴보니 맨몸으로 경쟁 구도에서 살아남은 성장 과정을 거쳤어요. 엄마의 특징은 4남매 중에 유일한 남자형제인 막내남동생에게 모든 것을 올인하는 부모를 두었고, 자기는 별로 사랑받지 못해서 남편에게 기대가 컸는데 남편은 사랑을 주는 사람은 아니었어요.

이 엄마는 자신이 충족되지 않는 부분들을 아이들한테 쏟아내고 있었습니다. 그런데 이 엄마가 아이들한테 자주 하는 말이 있었어요.

"엄마는 너네들을 어떻게 사랑하는지 몰랐어. 자랄 때 부모에게 차별 대우받았고 부모가 날 사랑해주지 않았기 때문에 너희를 낳아놓고는 어떻게 해야 될지 너무 막막했어. 그래서 너네들 열심히 공부시킨 거야."

그러면서 아이들이 자기가 원하는 방향으로 안 될 때마다 자녀의 체벌을 유도하면서 남편에게 자기의 존재감을 확인하는 상황이었습니다. 아이들의 불순한 태도와 눈빛, 말투를 계속 지적했고, 남편은 그런 체벌을 통해서만 자신의 권위와 가정이 유지된다고 생각하고 있었어요. 게다가 거듭된 폭력에 자신의 정당성을 부여하면서 둔감해진 상황이었습니다. 아내와 남편의 불안의 희생자는 바로 아이들이었죠.

상담 내내 아이들의 멍한 눈빛이 잊히지 않아요. 오랜 세월 무기력이 학습된 모습이었습니다. 하지만 지속된 상담을 통해 아빠인 남편은 자신의 가학적인 패턴을 이해하기 시작했어요. 특히나 아빠를 미치게 하는 무의식적 버튼이 있었는데 그건 힘, 무력을 이용해야만 살아남을 수 있다는 강박이었어요.

"아, 저의 무의식적 버튼이 이런 결과를 가져왔네요. 아이들한테 너무 미안합니다."

상담을 더 진행하면서 눈에 띄는 변화들이 나타났어요. 그리고 '가족 세우기' 과정에서 남편인 아빠가 절규하듯 오열했습니다. 과거의 자신과 현재의 자신이 겹쳐지면서 아이들에게 준 상처가 온몸으로 와 닿았기 때문이었습니다. 그리고 아이들에게도 분노를 표현하게 해봤어요. 남자아이는 상담에 무관심한 듯하면서도 상담이 진행되는 걸 다 지켜보고 있더라고요. 가족 세우기에서 가족의 대역을 하는 사람이 "엄마는 나한테 맨날 사랑받은 게 없어서 어떻게 사랑하는지 몰랐다고 하잖아. 이런 이야기 그만해. 정말 지겨워. 그게 자식한테 할 소리야? 엄마가 됐으면 엄마 역할을 해야지. 못한다고 자식들한테 하소연하는게 말이 돼?" 하니까 그 부분을 한순간도 놓치지 않고 뚫어지게 응시했어요.

그렇게 분노를 간접적으로 표현하게 했던 경우였는데 이 과정을 통해 회색빛이던 집이 서서히 온기가 생겼어요. 그리고 남편에게 제가 이런 말을 했어요.

"아이들에게 한 행동, 너무 큰 상처였던 것을 보셨을 거예요. 폭력적인 아버지의 모습을 보니 어떤 마음이 드세요?"

그날 아빠가 감정의 여파가 컸던지 한참을 울다가 갔어요. 그리고 아이들에게 진심으로 사과를 했어요.

"정말 너희들한테 하지 말아야 할 행동을 했다. 정말 미안하다."

그리고 남편을 조정했던 것에 대해 엄마도 인정을 했어요. 저는 엄마에게 이런 말을 했어요.

"부모한테 받은 게 없어서 자녀들을 어떻게 키울 줄 몰랐다는 이야기는 하지 않는 거예요. 엄마가 스스로 책임지고 끝내야 될 이야기지, 자녀한테 이해를 구할 일은 아니에요."

그렇게 관계를 바로잡은 경우였어요. 자녀를 체벌하도록 조정하면서 아내는 자신이 어렸을 때 '사랑받지 못했기 때문'이고 '너를 위한 것이야'라면서 가족에게 죄책감을 느끼지 못했어요.

　오랫동안 이 패턴이 공고해지면서 자신의 이유는 더욱 정당화되고 이 부분이 보이지 않았을 수 있어요. 견고하게 자리 잡은 패턴이었는데 '이건 무언가 잘못되었다, 이런 패턴은 끊어야 한다'는 깨달음을 통해 무의식적으로 돌아가는 불행의 고리를 끊을 수 있었던 경우라 잊히지 않는 가정이었어요.

서서히 드러나는
가족의 비밀

아무리 파고들어가도, 정말로 이해되지 않는 부분이 있을 때가 있어요. 어떤 방법을 써도 서로 연결이 되지 않는 거예요. 그러면 계속 묶여 있고 미분화에서 벗어날 수가 없어요. 우리가 뭔가 잃어버리고 나면 꼭 못 찾으면서도 끝까지 생각이 나고 마음속에 남아 있는 것처럼요. 그런데 이런 이야기가 잘 정리가 되면 우리는 거기서 정말 편안하게 떠날 수가 있습니다. 그럼 언제든지 되돌아보면서 그 이야기를 할 수가 있어요.

한 엄마가 자녀가 좋은 배우자를 만나 결혼하기를 원하면서도 딸이 남자친구를 데리고 오고 결혼이 진행되면 트집을 잡고 훼방을 놓아 결국은 결혼이 어그러지게 해요. 그런데 그게 계속 반복이 되니까 딸로서는 도저히 이해하기가 힘든 거예요.

엄마가 평소에 보여주는 모습은 정말 자기가 좋은 배우자를 만나기를 바라는 것 같거든요. "결혼하지 마, 결혼하지 말고 네가 하고 싶은 거 하고 살아" 이러면 이해를 하겠는데 그런 것도 아니고, 정작 괜찮은 사람 데려가서 "나이 사람이랑 결혼하고 싶어요" 하면 냉담한 반응을 보인다고 했습니다.

그래서 원가족을 한번 들여다보기로 했어요. 그랬더니 내담자가 이렇게 말해요.

"우리 원가족은 이야기하기 힘들 거 같아요. 왜냐하면 너무 비밀이 많고 가족 얘기를 하면 다들 피하기 때문에 어떤 것이 맞는지 저도 잘 모르겠어요."

그렇게 어려움을 표현했어요. 그래서 제가 이렇게 이야기했어요.

"모르는 게 많은 것 자체도 하나의 정보입니다. 어딘가에서 매듭이 연결이 안 되는 것 자체가 정보가 될 수 있어요. 거기서부터 하나씩 보기로 해요."

그러면서 상담을 진행시켰는데 우연한 기회에 가족 비밀을 알게 되었어요. 엄마가 형제자매 이야기를 거의 안 하는데 엄마의 언니가 결혼한 지 얼마 되지 않아 자살을 했던 거예요.

이 언니가 굉장히 똑똑하고 생활력도 좋아서 어린 나이부터 집안을 거의 책임지면서 이끌었어요. 아픈 어머니도 돌봐주었고, 어린 동생들도 잘 살펴주고요. 그렇게 집안을 이끌고 살다가 결혼을 했는데 결혼한 지 얼마 되지 않아 죽음을 선택했습니다.

절대적인 비밀에 부친 이야기여서 이모의 존재조차 몰랐던 내담자는 매우 놀랐죠. 그런데 이걸 알게 되니까 엄마의 행동이 이해가 되는 거예요. 아무리 좋은 배우자를 찾아서 결혼을 하더라도 우리 언니도 그렇게 죽었는데 우리 딸도 그렇게 되면 어떡하나 그런 마음일 수 있고요. 그런데 이게 왜 더 위력을 발휘하게 되었냐면 이모에 대한 이야기가 절대 비밀로 되어 있었기 때문이에요.

괭장히 슬픈 '절대 하지 말아야 할 이야기'로 다 처리되지 않은 채 묻어두게 되었고 큰 두려움으로 자리 잡은 상황이었습니다. 충분히 해소되지 않는 비밀은 엄청난 두려움을 가지고 와요. 감추려고 할수록 그것만 보이는 거예요.

충분한 애도와 슬픔을 표현하는 과정이 있어야 했는데 그 절차를 넘어가면서 괭장한 두려움으로 남게 되었어요. 중요한 과정이 생략되면서 그때의 상황과 감정을 이해하고 극복할 수 있는 이야기가 될 수 없었습니다.

그리고 또 어렵게 이모의 이야기를 들여다봤더니 또 다른 역동이 숨어 있었어요. 이모의 죽음에는 여러 가지가 복합적으로 작용되었는데 이 집안을 이끌어온 가장이었던 이모는 결혼하면서 마음이 매우 무거웠을 거예요. 부모도 딸을 보내면서 괭장히 힘들어 하고요.

'딸이 없으면 우린 어떻게 살지' 이런 걱정을 등에 지고, 짐이 무거운 채로 결혼을 했는데 결혼 직후 집안끼리 물리적으로 부딪히는 큰 소동이 벌어졌다고 해요. 이런 잡음까지 일어나니 결혼해서 잘 살 수 있을까, 불편한 마음에다 시댁에서의 따가운 눈초리가 감당이 안 되었던 것 같아요.

죽은 언니에 대한 안쓰러움, 죽음을 마주하면서 이 가족이 느껴야 했던 죄책감과 슬픔이 늘 이 집안을 무겁게 만들었고, 이 집안의 정서에 수치심이라는 색깔을 드리웠습니다.

내담자의 엄마는 딸이 좋은 사람과 결혼했으면 하는 마음과 결혼 과정에서 집안의 비극이 수면 위로 드러나지 않을까 하는 두려움이 부딪혔을 거예요. 언니의 운명을 보면서 딸에게 그런 두려움을 투사합니다.

엄마는 자기 스스로 어떤 마음인지 몰랐을 겁니다. 그런데 펼쳐보니까 딸은 엄마에게 이런 상처가 있었구나를 알게 된 거죠. 그렇게 가족 비밀을 알게 되면서 실마리를 찾을 수 있었어요. 엄마의 상황과 불안을 이해하게 되었고 가족 전체적으로 이 상황을 풀 수 있도록 도움을 받아 접근했습니다. 가족 안에서 답이 있었던 거죠.

가까운 사람과의
관계 패턴 이해하기

가족 비밀이 세대를 이어 영향을 주는 또 다른 사례가 있어요. 가족 비밀을 만들어지는 과정을 보면 그 이야기가 알려지면 바깥 세상에 너무 부끄러운 민낯이 보일 것 같고 수치심이나 감당할 수 없는 죄책감으로 힘들게 될까봐 걱정하는 여러 가지 감정들이 들어 있습니다.

어떤 남편이 좋은 교육을 받았고, 충분히 능력이 있는데도 일을 안 한다고 해요. 자기 부모가 주는 돈으로만 생활하고요. 그런데 아내 입장에서는 이해가 도저히 안 됩니다. 그런 남편의 모습이 싫기도 하고요.

경제적 문제가 아니더라도 별다르게 하는 일 없이 살

아가는 남편이 너무 무기력해보이고 한심해 보였던 것 같아요. 그래서 남편에게 일을 하는 게 어떻겠느냐, 부모님에게만 기대지 말고 스스로 능력을 키우는 게 어떻겠냐고 하면 남편은 내가 알아서 한다고, 이렇게 사는 게 어떠냐고 하면서 싸움으로 이어지고요. 항상 격하게 남편이 반응하면서 이 이야기가 종료되는데 아내로서는 답답함이 느껴지는 거죠. 도대체 왜 그러는지 이해가 안 되니까요.

그런데 집안사람을 통해 가족의 비밀을 알게 되었어요. 남편이 외동아들이 아니라 형이 있었던 겁니다. 그것도 아버지와 싸우다가 아버지 보는 앞에서 뛰어내려서 그 자리에서 죽게 된 거예요. 굉장히 충격적이고 상처가 되는 일인 거죠.

그래서 어느 순간 이 일은 집안에 없는 이야기가 되었어요. 바로 이사를 해버렸고, 그런 일이 없었던 것처럼요. 남편도 말하지 않아서 전혀 모른 채 결혼했는데 결혼하고 몇 년이 지난 뒤에야 아내가 알게 된 것입니다.

그 이야기를 남편에게 했더니 남편이 불같이 화를 내더래요. 아버지도 굉장히 센 사람이고, 형도 마찬가지였

는데 아버지가 엄청나게 강하게 밀고 나갔는데도 형은
원하는 대로 안 끌려간 거예요. 형 이외에 모든 가족은 아
버지에게 무조건 맞춰주고요. 그런데 집안에서 유일하게
아버지에게 대항했던 형이 그렇게 극단적으로 죽음을
맞이하니까 이 집안의 비밀은 '절대 아버지를 거역해서
는 안 된다'가 된 거였어요. 아버지가 하는 대로 가지 않
고 거역하면 죽음과 같이 강력한 제재를 받는 것으로 이
해된 것이나 마찬가지니까요. 이 일련의 과정을 보면서
남편은 아버지가 하라는 대로 하는 삶을 살 수밖에 없었
습니다.

"내가 여기서 아버지랑 싸우면 엄청난 사단이 나는 거야. 둘
중에 하나는 죽는 거야. 나라고 이게 좋은 줄 알아? 나도 어
쩔 수 없어서 아버지가 시키는 대로 그렇게 살아."

그래서 아버지의 지휘대로 소일거리나 하고 살았던
거예요. 이제야 왜 그런 건지 이해가 되었습니다. '남편이
이렇게 사회생활을 안 하는 것 이면에는 가족 비밀과 가
족의 결속성이 주는 올가미가 있었구나' 이런 것들을 알

게 된 거죠.

그 전에는 이해가 안 되니 무의미한 헛바퀴만 도는 싸움을 했어요. 나를 왜 이렇게 대접하느냐면서 큰 싸움이 일어나고요. 그렇게 매번 싸움을 하다가 남편이 일을 할 수 없는, 아버지로부터 벗어날 수 없는 부분들을 알게 되면서 부부가 서로를 이해하기 시작합니다. 그리고 역할을 달리 해요.

'더 이상 끌려가는 삶을 살지 않아' 하면서 긴 투쟁을 하기로 했는데 남편은 이런 변화가 너무 무섭기도 합니다.

"아버지 말 안 들으면 어떤 일이 벌어지는지 알아? 내가 감당할 수 있을까?"

이렇게 갈등이 일어났지만 아내가 이 과정을 견뎌내기로 해요. 오래 걸리더라도 아버지에게 독립되어야 한다는 생각을 합니다. 그러면서 체제가 조금씩 달라지기 시작해요. 그리고 유의미한 결과를 얻어내요.

가족 비밀은 이 가족에게 알 수 없는 병리적인 패턴을 가져왔어요. 그것을 몰랐던 아내가 배우자의 관계 패턴을 알고 나서는, 부부는 용기 있는 시도를 하게 되었습니다. 자신의 변화뿐만 아니라 가족 전체의 변화까지 이끌 수 있었어요.

그런데 변화가 쉽게 이루어지는 것은 아니에요. 정신분석에서는 현재 자신이 겪는 불안과 두려움이 과거로부터 왔다는 것을 알고 이해하는 것을 '지적 통찰Intellectual Insight'이라고 해요. 그런데 지적 통찰은 별다른 변화를 가져오지 못해. 변화를 불러오는 것은 '정서적 통찰Emotional Insight'이에요. 경험적 지식, 마음의 깊은 이해를 통해 문제의 원인을 느끼며, 그동안 쌓인 슬픔과 두려움, 기쁨과 즐거움 등의 감정이 터져 나오는 거예요.

이 정서적 통찰이 변화를 만듭니다. 우리 내면의 관계 패턴을 가슴 깊이 이해하게 되면 변화가 이루어지는 거예요.

사람에게 변화는 생각보다 쉽지 않아요. 원인을 알면 이렇구나 하고, 잠시 멈출 수는 있지만 사람은 변하지 않으려는 속성을 갖고 있어요. 나름대로 터득한 생존의 방식이었고, 오랫동안 그 방식을 사용했기 때문이에요. 변화를 한두 번 시도해보다가 제자리로 돌아오기도 해요.

하지만 실패했다고 단정 짓기는 이릅니다. 변화를 생활에 적용시키기까지는 오랜 시간과 꾸준한 노력이 필요합니다.

하지만 분명 자신의 패턴을 알게 되면 그 문제로부터 거리 두기가 가능해져요. '내가 똑같은 행동을 반복하고 있구나, 이러면 나도 힘들고, 관계에서 문제가 생기겠구나'를 알아채는 것이죠. 그러면 스스로 선택권을 쥐게 됩니다.

깊어지는 상담,
내면의 목소리를
찾아서

가족심리학과
가족치료

　제가 2000년대 초반에 오랜 유학 생활을 끝내고 한국에 들어왔을 때의 분위기는 가족에 대한 중요성을 우리 사회가 막 느끼기 시작하고 있었어요. 그전에는 심리학 자체의 인식이 조금씩 달라지고 있긴 했지만, 심리학 안에서도 가족을 배제하고 바라보았습니다. '나 자신'을 봐야지, 부모를 끌어와도 큰 도움이 안 된다고 생각하던 시기였어요. 그런데 가족을 배제하고 난 상태에서는 치료가 힘들다는 것을 느끼게 되었고 동시에 우리나라의 이혼율이 매우 급증하고 있을 때라 '가족'에 대한 시선이 더 커지게 되었죠. 개인 심리로만 다루기에는 한계를 느끼던 차에 제가 공부하고 연구한 '가족심리학'이 주목을 받게 되었어요.

한국상담심리학회에서 '가족심리학'에 대해 발표를 하게 되었고 반응이 매우 좋았어요. 그때까지는 한국에서 가족심리학을 직접적으로 접한 경우가 드물었고, 그 때문인지 심리학과가 있는 국내 모든 대학에서 '가족심리학' 관련한 강의가 개설되었습니다.

그리고 한국의 이혼법을 고쳐야 한다는 목소리가 커졌는데 2004년에 논의가 시작되어 2007년에 결실을 맺고 법 개정이 되었어요. 그 당시 우리나라는 '전 세계에서 이혼이 가장 쉬운 나라'라는 불명예스러운 타이틀을 가지고 있었어요. 이혼 서류 내면 바로 통과되는 '3분 이혼 컷'이라는 말이 나오는 상황이었는데, 법 개정을 통해 이혼숙려제도가 생기게 되었습니다. 반드시 이혼할 때 상담을 받아야 한다는 것이죠. 특히 이혼이란 큰 변화 속에서 자녀 문제에 대해서 세밀하게 돌아볼 수 있는 분위기 전환이 이루어졌어요.

그러면서 점차 개인의 문제뿐 아니라 개인을 둘러싼 관계, 특히 가족관계에 대한 관심이 매우 높아지고 이것을 눈여겨보는 분위기가 형성되었어요.

각 학교의 커리큘럼에 가족심리학이 들어가게 되었을 뿐만 아니라 상담사 자격증을 따기 위해서는 가족심리학이 상담이론의 필수과목이 되었습니다. 내담자의 정보를 수집한 다음에 주 이슈 문제를 파악하고 상담의 목표를 정한 뒤, 전략 수립을 하는 것을 '사례개념화'라고 해요. 내담자의 많은 정보들을 요소별로 분리해서 내담자에 대한 이해와 상담설계를 만들어내는 것이죠. 상담에서 사례개념화는 매우 중요한 부분인데 사례개념화를 위한 상담보고서 형식에도 내담자의 성장배경, 부모와의 관계는 필수적으로 들어가야 하는 항목이 되었습니다.

가족심리학은 전 세계적인 흐름이기도 해요. 가족심리학의 초기 연구자인 정신과 의사들이 환자들이 약물치료나 심리치료만으로 해결되지 않는 걸 보게 되면서 가족에 관심을 갖기 시작했고, 가족체계가 만들어내는 병들을 알아내게 되었어요. 가족 시스템을 동시에 봐야 한다는 시선이 생긴 것입니다.

미국, 독일, 이탈리아, 노르웨이 등 여러 나라에서 동시다발적으로 연구가 이루어졌고 굉장히 활발하게 교류를 했어요. 그리고 서로 자극을 받으면서 같이 발전해가는 상황이 되었습니다. 가족심리학의 대표적인 이론가로 체계적 가족치료의 머레이 보웬, 구조적 가족치료의 살바도르 미누친Salvador Minuchin, 경험적 가족치료의 버지니어 사티어가 있는데, 가족심리학은 1950년대부터 조금씩 움직임이 시작되고 1960~1970년대 지나서 1980년대에 해결중심 가족치료, 이야기치료 등으로 꽃을 피우죠. 현재는 이들의 이론을 통합적으로 접근해서 활용하고 있어요.

내담자들이 가지고 있는 문제를 이해하기 위해서 한 가지 이론을 활용하는 게 아니라, 이 이론들을 다양하게 접근해서 바라봐요. 보웬의 다세대적인 흐름은 세대를 통한 통합적 접근 측면에서 내담자를 이해하게 되었고, 특히 미분화에 집중했던 이론은 인간의 자율성과 독립성에 큰 통찰이 있어요. 사티어는 성장 모델을 바탕으로 하고 있는데 인간을 존중하고 감정과 대화를 중시해요. 그런 존중이 살아날 수 있도록 다양한 기법을 개발하기도 했습니다.

전문가라도 가족을 속속들이 모두 알 수 있는 것은 아

니에요. 가족을 가장 잘 알고 있는 것은 내담자 자신입니다. 그래서 그들의 힘을 활용해서 치료가 돼야 된다고 생각해요. 내담자 안에 답이 있고 내담자를 둘러싼 관계들에 해결책이 있어요.

전 내담자나 가족 스스로 알고 싶은 문제를 잘 들여다볼 수 있게 도와주고 싶어요. '왜 그렇게 됐을까?' 완전하게 딱 떨어지는 정답이 아니더라도 설득될 수 있는 답이 있을 때 벗어날 수 있는 치유력이 있기 때문에 그것을 잘 설명해내는 건 매우 중요하다고 생각합니다.

스스로를
믿는다는 것

상담을 할 때 겪는 어려움이 있습니다. 바로 '역전이 Countertransference'라고 하는데 내담자가 주는 감정에 휘말려서 상담가 자신이 가지고 있었던 감정에 빠지는 경우가 있어요. 그래서 상담가들은 정말 건강해야 돼요. 그리고 상담가가 상담을 잘하기 위해서는 100퍼센트의 컨디션을 가지고 상담에 임해야 돼요. 마음 편안하게 집중해서 내담자의 이야기를 듣고 치유적인 관계를 형성하는 것은 상담가가 진심으로 애써야 되는 부분이기도 해요.

하루 종일 상담이 이어져도 내담자를 만났을 경우에는 또다시 최상의 컨디션을 유지해야 되기 때문이에요.

저는 그래서 늘 기도를 해요. 내 가족에 대한 기도뿐만 아니라, 반드시 내담자들에 대한 기도를 해요. '내 힘으로 되는 일이 아니다'라고 생각을 합니다. 그리고 제가 상담을 하면서 흔들리지 않는 신념이 있는데 그건 '내담자들에 대한 믿음'이에요.

'내담자들이 꼭 나의 도움이 있어야지만 자기 문제를 해결할 수 있는 게 아니다. 그들은 이미 능력을 갖추고 있고 여기서 좋은 해결책을 찾아내는 것 역시 그들 자신인 거다. 나는 그 해결책을 찾아내는 과정에서 격려해주고 함께해주는 역할을 하는 것이다. 내담자들이 결코 약한 존재라는 생각은 갖지 않는다.'

상담가는 내담자 스스로가 그럴 힘이 있다는 걸 믿는 것이 중요해요.
그리고 제 철학 중 하나이기도 한데, 저는 '내담자는 아름다운 사람이다'라는 눈을 가지고 바라봐요.

'저렇게 극복하기 어려운 문제가 있는데도 견디고 있고 그 문제를 해결하고 싶어서 용기를 내었으니 정말 멋진 사람이다. 나한테 와서 얘기하고 있는 이슈 이외의 다른 부분에서 많은 능력들을 발휘하고 있다.'

이걸 잊으면 안 되는 거죠. 그런 내담자에 대한 믿음은 나를 둘러싼 모든 관계에서도 통해요.

아이가 있다면 아이에게도 그런 믿음을 가져야 해요. 아이도 다 할 수 있거든요. 내가 다 방어해주고 안전한 길 만들어주지 않아도 결국엔 자기 길을 찾고, 자기에게 맞는 방법으로 할 수 있어요. 그런 믿음이 필요해요. 그것을 스스로 믿고 있어야 해요.

믿음이라는 것은 큰 힘이 있거든요. 나에 대한 믿음, 다른 사람에 대한 믿음. 상담은 이것을 위한 과정이라고 생각해요. "나 할 수 있어, 난 그런 힘이 있어" 그런 것을 일깨우는 계기가 있었으면 해요. 내담자들이 상담을 종결할 때쯤 되면 제가 들려준 이야기가 내면화되어 있어요.

"용기내서 마음으로 제 목소리를 들어봤어요. 그랬더니 할 수 있을 것 같아요."

이런 말을 들었을 때 너무 행복하고 보람을 느낍니다. 상담가의 목소리가 아닌 자기 목소리로 만들어지는 거니까요. 늘 자신을 의심하고 부정하던 이야기가 긍정의 이야기로 변하는 거예요. 가족치료 기법 중에 '가족 세우기'를 하면서 이 작업은 필수적으로 해요. 등 뒤에서 부모님이 있다고 하는 거예요. 전면에 있을 필요는 없어요. 나 스스로 거침없이 내 삶을 살아나갈 거지만 뒤에서 지지해주는 작업을 합니다.

"엄마 아빠가 뒤에서 이렇게 너를 다 지켜줄 거야. 축복할 테니까 멋지게 나아가."

그냥 하는 말 같지만 이럴 때 진짜 힘이 생겨요. '안 되면 어떡하지?' 불안해하면서 나가는 거랑, '되겠지, 해보자' 하고 나가는 것은 너무 큰 차이가 있죠. 그렇게 해보다가 안 되면 또 다른 연결이 되기도 해요.

'아, 다른 길이 열릴 수도 있지, 이 자체도 감사할 일이야'

긍정이 갖고 있는 힘이 이런 거예요. 안 되더라도 웃을 수 있거든요. 되는 길 찾으라고 신이 또 기회를 주신 거예요. 그렇게 나아가는 거예요.

손절이 아닌
관계의 과정

요즘 '손절'이라는 말을 자주 듣게 됩니다. 쉽게 말해 '관계를 끝낸다'는 거예요. 그런데 관계를 단절해서 해결이 되면 좋겠지만 단절은 결코 끝나지 않았다는 것을 의미하기도 해요. 그래서 손절을 해결책, 결론으로 보지 말고 과정이라고 생각하는 거예요. '손절했어, 끝났다' 이렇게 생각하면 미분화거든요. "나 우리 엄마 아빠랑 손절했어요" 그러면 떠날 것 같은데 그렇지 않아요. 잘 지내는 것 같다가도 끈 놓은 연처럼 어느 순간 곤두박질쳐요.

너무 밀착되어 있어서 지금은 끊어야 돼요. 그런데 이렇게 끊고 나면 어느 순간 연결이 돼요. 자신이 생각하는

161

마지막 그림에서는 분화된 모습이 있습니다. 잠시 과정이라고 여기면서 이 관계를 생각하면 돼요.

참 이상하게도, '손절'만 하면 해결될 것 같지만 마음속에 비어 있는 존재가 굉장히 큰 비중을 차지합니다. '그것만은 생각하지 않을 거야' 하면 그것만 머릿속에 남아요. 그렇기 때문에 이 모든 것을 과정으로 남겨두었으면 해요. 지금은 내가 이 관계가 버겁고 힘이 드니 여지를 남겨두기로 한다는 마음으로요.

자녀가 원가족과 불안을 줄이기 위해 부모와의 접촉을 끊게 되는데 이것을 '정서적 단절'이라고 해요. 가족이 한덩어리를 뭉쳐서 압박이 심해지면서 임계점이 넘는 순간이 오면 어느 순간 이런 결정을 하게 됩니다. 그런데 결국은 원가족과의 연결이 필요해요. 그러면서 자연스러운 분화를 해야 되는데요. 물리적 연결이 어렵다면 정서적으로라도 연결이 되어야 합니다.

관계에서 구체적인 심상 없이 부모에 대해서 "무조건 좋았어요. 괜찮은 분이었어요" 하는 경우가 있어요. 부모의 과오, 그들이 준 상처에 대해서 깊이 파고들면 강하게 반발합니다. 그 심리가 무엇일지 생각해보면 그래야 본인이 견딜 수 있는 해결책인 거예요.

'난 사랑받지 못했어. 나는 관심받지 못했어.'

이 현실을 받아들이는 게 너무 힘든 거예요. 그들을 좋게 이상화해야지만, 지금까지 내가 살 수 있었던 거예요. 우리가 하는 많은 심리적인 방식들은 살려고 하는 거예요. 특정 시기의 기억이 전혀 없다면, 그것도 생존을 위해 둔감해진 거예요.

아이들이 자신이 정말 나쁘다고, 나 때문에 모든 것이 잘못된 거라고 느낍니다. 내가 나를 지키려면 '엄마 아빠는 정말 좋은 사람이야. 상황이 그랬어. 어쩔 수 없었어. 나 같아도 그랬을 거야' 이렇게 해야 내가 무너지지 않는 거예요.

그런데 그 실체를 본다고 해도 무너질 필요가 없어요. 그건 그들의 실수이고 잘못인 거예요. 그들이 날 방치했다고 내가 쓸데없는 인간이 아니에요. 방치당할 만한 무가치한 존재가 아니었고, 그들이 그 상황에서 분명 잘못했고, 뭔가를 놓친 것뿐이에요.

상담이 그걸 도와주는 거예요. 상담을 통해서 나도 지켜내면서 내가 겪은 것에 대한 상처도 인정해주는 게 필요해요. 그러면서 부모가 했던 과오에 대해서는 인정하되 자존감을 끌어올리기 위해서 부모의 어떤 것들은 버팀이 되도록 가져오는 거예요. 끝이 아닌 지속적인 연결성을 마음에 담았으면 합니다.

가계도와
가족 세우기

저는 가족치료를 하면서 가계도 작업과 가족 세우기를 중요하게 활용합니다. 가계도는 전형적으로 3세대 이상에 걸친 가족 구성원에 관한 정보와 관계를 기록하는 것으로, 세대를 이어 내려오는 가족체계의 스트레스를 볼 수 있도록 하는 거예요. 치료자는 세대에 걸친 관계 패턴과 질병, 문제 등의 정서 과정에 관한 질문을 하면서 가계도를 완성해갑니다. 상담이 진행되면서 가계도는 더욱 구체화됩니다.

가계도 작업에 대해 한 내담자가 한 말이 있어요. 가계도를 분석하고 가족의 역사를 통해서 상처를 치유한 경우였는데 그때의 느낌이 마치 8만 원 투자를 하고 80억 원 어치를 가져가는 거 같다고 하더라고요. 저는 이 말이 굉장히 의미 있게 들렸어요. 가계도와 가족 세우기는 진짜 나의 핵심적 중심에서 나오는, 근본적인 뿌리에 대한 자부심과 힘을 찾아주는 작업이기 때문이에요.

그 전에는 뿌리를 보지 못해요. '나만 잘 살면 돼' 이런 마음으로 지내다가 전체적인 가족의 가계도를 들여다보니까 내 안에는 이러한 모양의 뿌리가 있고, 양쪽 가계에서 내려오는 깊은 자원들이 있다는 걸 알게 되는 거예요. 그렇게 가족에 대한 정체성을 찾아가면서 펼치기 시작하면 정말 나 자신에 대한 강력한 힘이 생겨요. 그 정도로 가족 가계도는 보물창고예요. 나에 대한 이야기를 새롭게 만들 수 있는, 넘치는 보물들이 있어요.

가계도를 그리는 방법은 상호 커뮤니케이션을 통해서 이루어져요. 굉장히 주관적인 정보라서요. 주관적이라 내 식대로 갈 수 있어서 누군가와 같이 이야기를 하면서 듣고 나누면서 연결이 되고 질문을 하게 됩니다. 그럼 주관적인 정보가 객관적으로 정교해져요.

스스로도 내 가족을 새롭게 보기 시작합니다. 갖고 있

는 것을 펼쳐놓는 게 끝이 아니에요. 체계론적 치료는 계속 새로운 관점을 찾아내고 옆으로 뒤로 앞으로 위로 아래로 보면서 새로운 이야기를 만들어내는 작업이에요.

가계도 작업의 장점은 복잡한 가족 유형 형태를 한눈에 볼 수 있고, 개인과 가족 속에 반복되는 유형을 관찰할 수 있다는 거예요.

'왜 이렇게 부모들이 미숙했을까? 왜 이걸 놓쳤을까?'

모든 부모라면 당연한 자연의 이치로서 자녀를 사랑하게 돼 있잖아요.

'가만히 보니까 그들도 뭔가 상처가 있어서, 자유롭게 몸을 움직일 수가 없었던 거야. 방어기제로 어딘가에 묶여 있었던 거야. 그래서 이런 거였구나.'

이러면서 총체적으로 이해를 하는 거예요. 그 대신 치유가 되려면 여기서 끝나는 게 아니라 조금씩 갑옷을 떼어내야 돼요. 우리가 상처의 딱지가 떨어진 다음에 '부모로서 할 수 있는 이야기가 뭐가 있을까?' 정신을 차리고 보니까 '외로운 아이가 저렇게 울고 있구나' 그것을 보게 되면 부모에게서 자연스럽게 이야기가 나와요.

"미안해. 네가 그렇게 부모의 사랑을 원했는데 그걸 주지 못했구나."

긴 시간 아픔을 견뎌낸 사람들이 돌고 돌아 자신에게 상처를 준 부모를 찾을 때 가장 원하는 것은 진심 어린 "미안하다" 이 말입니다. 사과를 받으면 춥고 외로웠던 과거의 나를 어루만질 수 있을 것 같다고 합니다. 단순하게 보이지만 그 사과가 절실히 필요한 거예요. 이런 이야기를 통해서 자녀는 치유가 됩니다. 실체를 증명하는 과정은 두려워요. 그래서 어려운 부분이라 상처가 깊고, 이것이 잘 풀리지 않을 땐 전문가의 도움을 받게 됩니다. 전문가는 전체적으로 보게 되니까 짧은 시간 안에 그들의 상처를 편안하게 이해할 수 있게 하고 연결도 시킵니다. 그 일련의 과정을 통해서 상처를 극복해갑니다.

진짜 의미가 있는 부분은 내 자녀한테 내가 멋진 부모

가 되어 있으면, 어느 순간 보면 내가 하는 행동을 자녀가 똑같이 해요. 그런데 내 부모와의 상처를 갖고 있으면 부정적인 부분에만 계속 대물림을 해요. 나의 상처는 나에게만 그치는 것이 아니기 때문입니다.

관계,
양쪽의 퍼즐 맞추기

상담이 내담자의 모든 것, 삶 전체를 다 바꿔놓는 것은 아니에요. 주제를 하나 정해서 심도 있게 얘기를 해서 목표를 달성하죠. 그럴 때 상담에 이름을 붙이는 거예요. 내가 나아가는 모습에서 이름 붙이는 것도 좋고, 현재 일어나고 있는 갈등에 대해서 이름 붙이는 것도 좋아요. 가장 마음이 가는 주제에 대해 이름을 붙여요.

'우리의 쫓고 쫓기는 갈등'

'나를 미치게 하는 고민'

이렇게 이름을 붙이고 그것이 감지되면 피할 수 있게 장치를 만들어요. 이야기를 하면서 근본적으로 문제를 해결하는 게 아니라 상황에서 벗어나는 게 중요합니다. 싸우는 상황에서 벗어나는 거예요.

이 상황 때문에 죽을지 살지, 같이 살지 말지 고민하는 건 너무 과하거든요. 이 상황에서 조금 벗어나면 환기가 되고 달라 보여요. 그렇게 빠져나오지 못하면 하나의 사건을 아주 크게 확장시켜버려요.

상담은 한 가지 관점으로 매몰되지 않게 중심을 잡는 역할을 해요. 관계는 모두 자기중심적인 요소가 있어요. 관계란 것이 결국 나를 중심으로 맺어지는 관계거든요. 그래서 상담을 오면 모두 자기중심적 서술을 합니다. 이때 상담가의 덕목은 반드시 중립성과 자기 절제가 있어야 해요. 내 판단으로 하면 안 돼요. 내담자가 들려주는 이야기를 관계 메시지로 들어야 합니다.

대화에서 모든 메시지에는 내용적인 면과 관계적인 면이 있는데, 가령 "오늘 추워요"라고 하면 내용 메시지는 "아, 날씨가 춥구나" 이런 이야기지만 관계 메시지는 "내가 추우니까 담요 갖다 주세요"라는 상대에 대한 요청

이 담겨 있습니다.

배우자에 대한 문제점을 쏟아놓는 이야기를 듣고 우리가 봐야 되는 게 '이 사람이 배우자와의 관계에서 불편감을 느끼고 있구나', '자기가 원하는 대로 되지 않기 때문에 이런 부분에 대해서 스트레스를 호소하고 있구나'를 봐야 된다는 거예요. 이게 숙련된 상담가의 모습이에요.

상담을 하면 '나를 찾아온 사람들이 왜 이렇게 힘들까'에 대해서 고민을 많이 하게 됩니다. 자신도 힘들고 또 주변 사람들에게도 안 좋은 영향을 내뿜는 내담자들을 봐요. 내담자들이 나빠서가 아니에요. 진짜 고통스러워하는 거예요. 그런데 실제로 자신도 모르는 어떤 패턴에 의해서 주변 사람들을 괴롭히고 있어요.

본인도 힘들고 상대도 굉장히 힘들어하는데 그들을 찬찬히 응시하면서 공통적으로 느껴지는 것은 그들이 가지고 있는 신념 중에 "내가 옳다"는 게 있어요. 나는 맞고 옳거든요. 그래서 내 생각을 주변 사람들이 따라왔으면 좋겠는 거예요. 아내가 될 수도 있고 남편이 될 수도 있고 자녀가 될 수도 있고, 이걸 따라오지 않았을 때 강압적으로 끌고 가면서 안 좋은 영향이 생기는 거죠.

처음에는 작은 의견 충돌이 되다가 점점 심해져서 심리적으로나 신체적으로 안 좋아지는 굉장히 힘든 상황이 됩니다. 그래서 여기서 발단이 되는 부분이 무엇인지를 보는 거예요.

빨리 남들이 내가 옳다는 걸 인정해줘야 되는데 그렇지 않으니 답답한 거죠. 실제로 삶 속에서 우리는 모두 내가 원하는 나름대로의 기준을 가지고 살아가잖아요. 하루의 루틴도 내가 생각하는 방식으로 살아가려고 하고요.

상담을 하면서 다 자기 편을 만들려는 사람들이 있어요. 가령 부부가 상담을 하러 왔을 때 상담가가 누가 옳다 그르다 심판관이 되는 게 아니에요. 상담가를 통해 상대방을 바꿔놓으려는 역동을 만들려고 해요. 진짜 변화라기보다는 전문적인 사람을 내 편으로 만들어서 다른 사람을 변화시키려는 의도를 가진 경우입니다. 물론 상담자의 공감적 지지를 통해서 긍정적이면서도 깊이 있는 관계를 맺으면 좋은 상담이 이루어져요. 정서적 연결이 이루어지면 내담자가 상담가에게 자신의 진짜 이야기를 꺼내놓을 수 있어요.

부부 상담과 같은 상호 상담이 이루어질 경우, 양쪽의

중간에 있으면서 중립성을 발휘해야 돼요. 중심축이 기울어져 누구 편도 들면 안돼요. 그렇다고 아무 편도 들지 않는 것도 상담이 되지 않아요. 연결을 시켜야 되기 때문이에요. 그래서 우리가 이것을 '재편성'이라고 말합니다. 양쪽의 편을 다 들어주는 거예요. 편을 들어줄 때는 머릿속에서 고도의 기술을 발휘해야 돼요. 내가 하는 발언 하나하나가 이쪽의 편을 들어주면서 다른 쪽도 존중해야 돼요.

어떤 부부가 왔는데 남편이 너무 집안일에서 빠져 있고 아무것도 안한다고 합니다. 나 혼자 모든 걸 해야 되니까 너무 힘들다고 호소를 했어요.

"모든 일상에 책임감을 느끼면서 두 자녀들까지 키워야 했으니 어려움이 있었겠네요."

그렇게 이야기를 해주고 다음에 연결할 때는 남편의 입장도 존중해줍니다.

"아내가 이렇게 힘들었을 때 당신 마음은 또 어떠셨어요?"

그럼 자신의 상황을 자연스럽게 꺼내놓습니다.

"그런데 제가 뭔가 하려고 하면 아내가 다 마음에 안 든다고
하고, 잘못된 점만 지적하니까 뭘 도와줄 수가 없었어요."

그때 제가 이렇게 공감을 했습니다.

"그러면 아내를 도와주고 싶은 마음이 있었고, 가정을 함께
이끌고 싶은 마음이 있었네요. 하지만 아내가 원하는 것과
맞지 않았을 때 충돌로 많이 위축되셨군요. 그 과정에서 아
내를 돕고 싶은 마음, 그 반면 아내를 돕고 싶지는 않다는 의
지도 있었네요."

그러면 그 순간 이 사람은 위로받거든요.

"자, 남편께서 이렇게 돕고 싶긴 한데 아내 방식이 아닐 때
마다 어려우셨던 것 같아요. 남편의 얘길 듣고 마음이 어떠
세요?"
"제가 주도성이 있다 보니까 내 식으로 하기를 원했던 것 같

아요."

"그러면 남편이 도와줬을 때 조금씩 남편의 방식을 존중하
는 것도 하나의 해결방식이 될 수 있겠어요."

이런 식으로 양쪽을 왔다 갔다 합니다. 절대로 그 사
람이 한 것 이상으로 표현하면 안 돼요. 내담자에게 나온
이야기를 가지고 양쪽을 다 존중하는 기술을 발휘를 해
야 돼요.

예를 들어서 아이 졸업식인데 남편이 안 간다고 해서
갈등이 심해졌어요. 아이가 크게 실망했는데 남편의 결
정은 확고해 보였습니다.

"졸업식이 멀리에서 있긴 하지만, 아이가 많이 섭섭해하는
데 어떻게 생각하세요.?"

그렇게 남편에게 물었더니, 남편도 나름대로 생각이
있었습니다. 집에 둘째아들이 있는데, 같이 가기는 어려
워서 두고 갈 수도 없고 옆에서 아이를 지켜줘야지, 부모
가 다 떠나면 혼자 집에 있었을 때 어떻게 될까, 그런 것

176

들이 걱정이 된다고 해요.

"남편의 태도는 가족에 대한 무관심, 큰아들의 졸업식에 의지가 없는 것이 아니라 졸업식 이외에도 많은 문제를 생각하다 보니까 나온 결정인 것 같아요."

남편이 한 의도들을 받아주면서 이렇게 말했습니다.

"아들이 아빠 안 온다고 서운해 한다는 건 아들이 정말 아빠를 좋아한다는 의미입니다. 아빠 오지 말라는 자녀들도 많이 봤어요. 그것만 봐도 가족 안에서 아웃사이더 아닌 환영받는 존재인 것 같아요. 가족을 챙기려는 모습으로, 부부가 역할을 잘 나누어서 아이들을 잘 키우고 있는 모습으로 보여져요."

이렇게 말하니 아내도 '그런 점은 내가 놓쳤구나' 이런 생각이 들겠죠. 이렇게 다른 프레임을 제시하면 순간 경직된 마음이 풀리면서 생기가 돌아요.
존중받는 욕구가 그렇게 커요. 이렇게 해서 바로 변화

가 생기는 가족은 이미 어느 정도 몸에 온기가 있는 사람들일 거예요. 하지만 이 정도로는 안 되는 가족들도 많습니다.

"이렇게까지 배우자를 미워하는 마음에는 이유 있는 뿌리가 있을 것 같아요. 자신의 마음부터 알아보기로 해요."
"무책임한 점이 너무너무 싫어요."
"잠깐만요, 배우자가 무책임하다는 부분에 대해서 또 다른 누군가가 그랬던 경험은 없나요?"

이러면 연결되는 사람이 있습니다. 그러면 내 문제지, 배우자의 문제가 아닐 수 있어요. 원가족에 대한 원망으로 너무 많이 함몰되어 있다 보니까 배우자가 실제로는 가족을 위해서 하고 있는 많은 일들을 놓치고 있지는 않은지, 잘 살펴보기를 제안하면서 의미를 살려놓는 거예요.

그럼 막혀 있던 부분이 순환되기 시작하면서 생명력을 갖게 됩니다. 그러면 그때부터 조금 더 배우자 자체를 보게 돼요. 옛날에는 자기 부모가 투사된 존재로 봤던 것들을 다른 각도로 자기 자리를 찾아가면서 볼 수 있는 힘이 생깁니다. 어떤 사람은 조금 비춰주어도 되고, 또 어떤 사람은 너무나 오래 걸리기도 하고 저마다의 속도는 달라요.

이때 코칭을 통해 치료를 하기도 하는데 코칭은 가족의 상호작용 과정을 객관적으로 볼 수 있게 만들어요. 문제 상황을 만든 자신을 돌아보고 관계 속에서 자신의 역할을 어떻게 변화시킬지 살펴봅니다.

선택에 따라
달라지는 상황

어떤 사람은 상담이 길게 필요한데도 5회기만 하고 이제는 답답해서 못 한다고 끝내버립니다. 또 어떤 사람은 구체적인 문제는 해결됐지만 더 깊은 변화를 위해서 상담을 지속하기도 하고요. 상담의 기간은 저마다 달라요.

하지만 부부 상담은 적어도 20회기 정도는 해야 합니다. 그래야 정말 심도 있는 이야기가 나올 수 있어요. 초반에는 제대로 된 근본 이슈를 터치하지 못해요. 지금 저 안에 무언가가 문제가 됐는데 다른 곳 여기저기 아프다고 하면 이것저것 집중하느라고 문제의 근원을 보지 못합니다.

관계 문제는 상호작용에서 오류가 생긴 경우가 많아요. 부부도 그래요. 각 부부들이 가지고 있는 특징을 가지고 부부들만의 독특한 춤을 춰야 되는데 그게 어긋난 거죠. 일반적으로 추는 춤이 아니에요.

어떤 가족이 왔는데 부인은 진짜 똑소리 나는 ISTJ형이에요. 논리도 탁탁 명쾌하게 나오는데 남편은 완전 횡설수설형이에요. 이 이야기 했다가 저 이야기 했다가 막 두서없이 이야기가 옮겨 다녀요. 또 아내는 성격이 매우 급하고, 남편은 너무 느긋했어요.

그러면 이 부부가 가질 수 있는 나름대로의 춤을 만들어내야 해요. 너무 급하게 결론을 내면 안 돼요. 그러면 무르익지 않은 급조된 해결책이 나오거든요. 그래서 아내가 갖고 있는 일목요연한 부분과 남편이 갖고 있는 느긋함이 어떻게 둘만의 멋진 춤이 될지를 찾아내는 거예요. 그래서 그 둘만의 독특한 조화를 찾아내는 작업을 합니다.

"남편의 특징인 느긋함으로 주변을 살피고 둘러보는 시간이 주어지면 아내는 쉴 수 있겠어요. 너무 빨리 가니까 한 템

포 쉬라는 의미인 거죠. 어떤 식으로 정리가 되는지를 지켜 보는 것도 좋을 것 같아요."

이렇게 해서 아내한테 여유를 만들어줍니다. 남편은 남편대로 아내를 선택한 이유에 대해서 자신의 무의식 적 욕구를 보게 해요.

"남편분은 분명히 나름대로 해결은 하지만 어느 순간 명료 한 신의 한수처럼 아내의 판단이 필요한 부분들이 있지 않 았을까요? 그런 것들을 느꼈던 때는 어떤 순간이었을까요? 그런 경험이 있었다면 들어보고 싶어요."

또 이렇게도 연결을 합니다.

"그런 순간에 했던 행동 중에서 참 좋았던 것이 있을 거예 요. 거기에서 건질 수 있는 나의 행동과 아내의 행동은 어떤 것들이 있었을까를 찾아내는 거예요. 차분하게 앉아서 자기 의 내면을 들여다보고 내 이야기가 음성으로 나와야 알아 낼 수가 있어요. 머릿속으로만 생각해도 잘 안 돼요. 이야기

가 자꾸 풀어져 나오면 그 안에서 연결되는 이야기가 나올
거예요."

그 과정에서 상담가가 도움을 주는 거예요. 거기서 가
족 비밀이 있기도 하고 비밀과 관련된 왜곡된 정서들을
표현도 해보면서 단서를 잡아내고 퍼즐을 맞춰가면서
찾아낼 수 있는 거죠.

내담자들이 마침내 그걸 다 찾아내면서 이해하게 되
면 얼마나 자유로워지는지 몰라요. 완전히 어둠이 내렸
던 얼굴에서 퍼즐을 맞춰 가면서 탁 받아들이는 순간, 얼
굴이 정말 환해져요.

상황이 변한 건 없어요. 그냥 알았을 뿐이에요. 갈등
은 계속 남아 있는 상태지만 원인을 알고 왜 그랬는지를
아는 것만으로도 정말 많이 바뀌어요.

상황은 같지만 내가 보는 시선이 달라지는 거죠. 그리
고 앞으로의 선택권은 나에게 있잖아요. 나의 선택에 따
라 상황은 또 달라져요.

상담을 통해 근본적으로 모든 것이 변할 것이라는 기
대보다는 작은 변화가 일어났다면 굉장히 큰 수확이라

고 생각해보면 좋아요. 상담에 와서 이렇게 말하는 경우가 많아요.

"우리가 지금까지 노력 안 해봤겠어요. 마지막이라는 생각으로 기대 없이 온 거예요."

하지만 이런 의구심에도 변화된 모습을 볼 수 있어요. 우리는 늘 극적인 변화, 문제의 근원을 바꿔야 달라질 것이라고 생각하지만 작은 변화에도 큰 효용이 있습니다. 그것은 반복이 만들어내는 에너지 때문이에요. 작은 변화지만 반복되면 그 힘이 강화되고 지속성을 가져요. 그러면서 전체적인 변화를 이끌어냅니다.

괜찮아,
잘될 거야

　오랜 시간 가족상담을 하고, 가족치료에 관한 연구로
한길을 걸어오면서 제가 이상적인 방향과 해결책으로
삼은 것은 '존중과 건강한 분화'였어요. 독일과 한국을 오
가며 공부하고 익혔던 수많은 이론과 연구, 3만 시간의
임상 경험도 저를 감화시켰지만 저를 움직인 확신의 근
원은 저의 부모님이었어요.

　'분화'의 모델로 늘 부모님을 떠올리는 이유이기도 해
요. 소박한 삶을 사시지만 그 안에서 '건강하게 연결되고
자유로이 놓아주는 부모님의 얼굴'을 봐요. 익숙하지 않
은 기계를 조작하면서 젊은 친구에게 도움을 청할까 하

다가도 "우리 어머니도 스스로 잘 하는데 나도 잘 해봐야지" 하면서 스스로 해내려고 하고요.

독일에서 18년이 넘는 시간을 보냈는데, 독일 유학 시절을 떠올리면 물질적으로 부족해도 심리적으로는 충만함을 느꼈어요. 그런데 한번 심리적으로 큰 압박감을 느꼈던 때가 있었어요. 결혼한 지 얼마되지 않아 독일이 통일이 됐어요. 그때 동독에 있는 사람들이 모두 서독으로 몰린 거예요. 집을 구해야 하는 시점이었는데 도저히 집을 구할 수가 없었어요.

빈집이 나오면 그 집을 원하는 사람들이 너무 많았어요. 그러면 집주인이 들어올 사람을 고르죠. 너무 열악한 집도 없어서 못 구할 정도였어요. 신문에 빈집 정보가 나오는데 그걸 아침에 신문에서 보고 전화하면 이미 늦어요. 그래서 새벽에 신문사 앞에 가서 정보를 얻어서 공중전화로 달려가요. 그럼 남편이 신문사에 가 있고 저는 신문사 근처 공중전화 앞에서 기다리고 있는데 그 과정이 너무 힘들었거든요. 사람들은 공중전화 주변에서 기다리고 있고, 눈치껏 들어가서 전화하는 척하며 남편을 기다려야 해요. 거짓으로 통화하면서도 주변은 다툼이 일어나고 거의 전쟁터 같은 분위기였죠. 그런데 그렇게라도 구하지 않으면 살 곳이 없으니까요. 그때 아이를 임신 중이었는데 더더욱 살 곳이 절실했어요. 매일 새벽, 허탕을 쳤는데 그때까지 생존을 위해서 살벌한 경쟁을 해본 적이 없어서 하루의 시작이 공포처럼 느껴질 정도였어요.

어느 날도 남편이 오길 기다리면서 전화하는 척 공중전화기 앞에 있다가 저도 모르게 한국에 계신 부모님에게 전화를 했어요. 그때 아버지가 받으셨어요. 아버지의 목소리를 듣자마자 "아버지, 집 구하는 게 너무 어려워요. 매일 전쟁 같은데 저 마음이 힘들어요" 그랬더니 아버지가 그러셨어요.

"우리 딸 힘들어서 어떡해. 좋은 집 구하게 될 거야. 아빠가 정말 열심히 기도할게. 괜찮아. 잘될 거야."

그 말씀을 듣고 마음이 너무 편해지고 안심이 되면서 울었던 기억이 나요. 긴 독일 생활 중에 힘들다고 전화한 건 그때 딱 한 번이었어요. 그렇게 해결책을 주진 않았어도 연결된 느낌을 주신 거죠. 먼 곳에 있는 딸의 갑작스러운 전화에 당황하셨을 텐데 그래도 괜찮다고 하신 것, 한 결같은 목소리로 기도해주시겠다고 하신 것, 그런 아버지의 반응에 한순간 폭풍같이 거칠게 몰아치던 불안함이 잠잠해지면서 안심할 수 있었어요.

그 당시 독일은 엄청난 격변기 속에 있었고, 매일 일어나보면 집값은 미친 듯이 치솟던 때였어요. 그런데 너무나 기적처럼 집을 구했어요. 집을 보러 가기로 한 시간보다 일찍 도착했는데 집을 보고 좋아하는 우리 부부를 보고 집주인 부부가 좋은 인상을 받았던 것 같아요. 그 당시 외국인 유학생은 여러 가지로 차별받는 대상이기도 했는데 그렇게 운이 닿았습니다.

먼 곳에서, 경험하지 못한 두려움에 불안해하고 있을 때 우리 부모님의 "괜찮다"는 말씀. 아직도 전 그 연결의 소중함에 감사함을 느껴요.

돌아보면 별말 아닐 수 있어요. 늘 듣는 이야기라고 생각할 수도 있죠. 맞아요. 잘 안 될 수도 있죠. 그런데 그 말이 제게는 구원 같았어요. 그 순간의 연결과 안정감이요. 제가 필요한 말은 그거 하나였어요. 저는 이 말을 항상 떠올려요. 그래서 내담자들에게도 늘 이야기해요.

"괜찮아요. 잘될 거예요."

이것은 만일 사람이 어떤 상황을 현실로 정의하면, 그것이 결과적으로 현실로 나타나게 된다는 '자기충족적 예언Self-Fulfilling Prophecy'이기도 합니다. 삶에 대한 희망을 품게 하는 말이에요. 그래서 전 상담에서 이 메시지의 연결을 찾으려고 해요. 자기 자신에게도 안전한 연결을 위해 꼭 이 말을 들려줬으면 해요.

189

편안하고
균형 잡힌 관계,
감정 다루기와
대화법

좋은 것과 나쁜 것,
균형을 잡는 마음가짐

　안정애착 유형의 특징은 균형감이에요. 앞서 설명한 미분화의 경우도 균형을 잃은 거거든요. 나와 다른 사람을 떠올리고 생각할 때 '좋은 것과 나쁜 것'을 모두 인정하고 받아들이는 거예요.

　사회에 나가 어떤 사람을 알게 되었어요. 현명해 보이고 처신도 지혜로워 보였어요. 그런 좋은 면을 통해 관계를 형성해나갔고요. 그런데 어느 날 보니 너무 별로인 모습이 눈에 들어와요. 남에 대해 냉정해 보이고 곧 그 모습을 자신에게도 보일 것 같아요. '완전 이상하네' 그동안 완벽했던 사람이 형편없는 사람이 됩니다. 너무 좋아하다가도, 어떤 실망스러운 부분을 보면, 극단적인 반응과 분노를 보이기도 하고요.

그런데 좋은 것과 나쁜 것은 우리 모두에게 있는 모습이에요. 그걸 이해하는 거죠. 양극단이 아니라, 상반된 면들을 이해하고 조화와 균형감을 갖고 가는 거예요.

어떤 부부가 갈등을 빚고 있다가 저를 찾아왔어요. 많은 고충을 이야기했지만 아내가 했던 말이 제 마음에 박히더라고요. 메마른 부부의 관계를 촉촉히 적시는 말이었습니다.

"저 사람이요. 정말 돈에 대한 개념이 너무 안 맞고 돈돈돈 거려서 저를 힘들게 했는데요. 지금도 그것 때문에 힘들어요. 그런데 우리 엄마가 아플 때 업고 병원에 갔고, 또 시골 살림을 다 봐줬어요. 장모님 그대로 돌아가시면 후회 남을까봐 그랬대요. 밉다가도 그 모습을 생각하면서 다잡을 때가 있어요."

저는 부부로 사는 모든 사람들한테 진짜 박수를 보내고 싶어요. 부부가 절대로 쉬운 관계가 아니에요. 끊어내기 힘든 가족으로 맺어진 관계가 아닌데, 서로 다른 사람들이 만나 가장 가까운 거리에서 평생을 함께 해요. 내가 원치 않은 방법도 수용해야 되고, 그걸 견디고 살아가는 거예요.

'우리 정말 잘 맞아, 큰 갈등 없이 무난하게 지낸다' 이런 부부도 있어요. 그런데 자신과 잘 맞는 사람을 선택하는 사람들은 잘 분화된 사람이기도 해요. 너무 높은 기대를 하지 않고, 현실적으로 판단하고 더러 생기는 모순도 참아낼 수 있는 심리적 자본도 많은 거예요. 미분화될수록 배우자에 대해 기대는 너무 많고 갈등이 있을 때 엄청나게 흔들려요.

살면서 좋은 일, 나쁜 일이 있고, 관계를 맺으면서 어려운 점, 또 행복한 점이 있을 거예요. 부부도 그렇죠. 함께 살아가면서 좋은 일만 있지는 않을 거예요. 그런데 분화된 사람들은 나쁜 지점이 보여도 좋은 것들을 생각하며 균형을 찾아가요. 좋은 것과 나쁜 것을 통합하는 능력, 균형감이 있는 거예요.

분화된 사람이 완벽한 사람은 절대로 아니에요. 자기의 모순도 타인의 모순도 수용해줄 수 있는 것을 말하는 것이지, 두 개를 다 가진 게 아니에요. 분화라는 것은 친밀감도 가능하고 동시에 거리감도 가능해요. 그 두 가지를 이해하고 그 균형을 찾아가는 거예요.

관계를 맺으며 '참 이 사람 다 좋은데 이게 문제다' 하면 문제인 그 지점을 절충해서 맞춰가는 거예요.

완벽하게 훌륭하거나 완벽하게 형편없는 사람은 없어요. 그 개념을 이해하는 거예요. 자신에게도 그래요. 나에게 좋은 면이 있지만 보고 싶지 않은 면도 있거든요. 그럼에도 나를 인정하고 받아들이는 거예요. 때로는 초라하고 못나 보이는 내 부족함을 받아들이는 거죠. 내가 나 자신에 대해서든, 상대방에 대해서든, 환경에 대해서든 그런 균형이 필요해요.

안정애착 유형과 달리, 불안정애착 유형은 극으로 이루어지는 일반적 표현을 써요. 아주 훌륭한 아버지, 인간 말종의 상종 못할 사람, 깊이 있는 탐색이 잘 이루어지지 않는 표현을 합니다. 중간 지점이 없는 거예요.

인간의 발달단계를 살펴보면 아이는 자라면서 자신이 느끼는 것이 무엇인지 세밀하게 알려주고 반영해주는 존재가 필요해요. 그 존재가 부모가 될 텐데 부모는 아이에게 그 상황에 대한 것을 알려주는데 이것을 무의식적인 모방 행위인 '미러링Mirroring'이라고 해요. '내 감정은 이런 거구나', '이 상황에서는 이렇게 말하는 거구나' 상호반응을 통해 구체적인 자신의 마음을 알 수 있고, 다른 사람의 마음 또한 알 수 있어요. 나와 상대방의 마음을 세심히 이해하면서 감정의 균형을 이루어가요. 극단으로 가는 것이 아니라 적절한 균형감을 찾아가는 것입니다. 그 과정을 통해 안정애착을 형성하고요. 그래서 이런 마음이 필요합니다.

'감정의 극과 극 사이에 파도치는 것은 해결책이 될 수 없다. 균형감이 우리 삶에 필요하다. 항상 균형을 찾아가려는 마음의 추를 심어놓자.'

이 안정애착 유형은 생애 초기 경험으로 이루어지지만 안정애착 유형이 지닌 균형감을 이해하게 되면 이것을 내면화하기 위한 노력을 통해 달라질 수 있어요. 균형감을 통해 나와 다른 사람과도 더 안정적 관계를 맺을 수 있습니다.

다양한 감정을 통합할 수 있는 능력은 가깝고 친밀한 관계에서 매우 중요하게 작용합니다. 바로 가까운 관계가 갖고 있는 특징인 지속성 때문에 그렇습니다. 이것만 이해해도 우리의 관계는 한결 더 편해질 거예요. 꾸준하고 안정적인 관계를 맺기 위해서는 이 균형감과 통합에 대해서 꼭 생각해보았으면 합니다.

부정적인 감정을
어떻게 바라보는가

우리에게는 다양한 감정이 있습니다. 특히 분노는 모든 감정 중에서 가장 강하기 때문에 이성을 마비시켜요. 감각과 감정이 먼저 작동하고 이성이 움직이는 거죠.

인간의 뇌는 부정이 갖고 있는 영향력이 더 크기 때문에 위험 요소를 더 많이 느껴요. 100 중에서 99퍼센트는 좋더라도 1퍼센트의 부정적인 감정 때문에 매우 힘들게 느껴요. 작은 요소이지만 이것을 매우 집중하죠. 동물의 세계라고 생각하면, 온순한 짐승들이 훨씬 많아서 잘 지낼 수 있지만 뱀이 있고 호랑이가 있다면 방심하고 있다가 무슨 상황이 될지 모르니 항상 위험한 것을 경계해야 되거든요. 부정적인 감정이 훨씬 영향력이 큰 건데 이것을 경계하느라 나의 안전이나 생존은 지킬 수 있지만 내가 얼마나 불편해지는지 이런 것들은 자각하지 못하는 거예요.

그런데 감정에 대해 이렇게 생각해보면 어떨까 싶어요. 요즘 차들을 보면 모든 게 자동화돼서 위험 요소가 감지되면 울리고, 차선 넘어간다고 또 울리잖아요. 감정도 그런 거 아닐까 싶어요. 우리 감정이 어딘가에 신호음을 낼 때는 우리의 안전이 위협당하는 상황이에요. 시그널이 울린다고 해서 내가 거기서 너무 위험하진 않아요. 하지만 이 자동차가 안전하기 위해서는 이것저것 조심하라는 경고음이 울리는 거구나, 막 달리고 있는 상황이라면 상황 파악이 안 될 수도 있으니 갓길에라도 잠깐 대서 머무르고 쉬어가는 거예요. 그리고 상황 판단을 해보는 거예요. '어디에서 어떤 식으로 문제가 돼서 이 신호음이 났을까?', '내가 어딘가 불편하다면 무엇일까?' 이렇게 생각하면 보일 거예요.

그럼 나의 안전을 위해서는 어떻게 해야 되겠구나, 방법을 찾아내는 거죠. 그런데 경고음이 계속해서 울린다면 이것을 해결해서 잠재워야 되는 거죠. 잠시 멈춰서 전환을 해줘야 돼요.

그런데 관계에서 부정적인 감정이 압도될 때는 존중받지 못했다는 생각이 들 때가 많아요. 나는 상대방을 중요하게 생각했는데 상대방은 그러지 않았다는 것에 상처받고요. 그런데 결국 감정이라는 것은 상대가 원인을 제공했다고 할지라도 결국 내 선택으로부터 비롯되는 거거든요.

부정적 감정 때문에 힘들다면, 타인이나 상황을 이해하려는 노력에 너무 많은 에너지를 들이지 마세요. 그 전에 나의 생각이 어떤지, 내가 왜 이렇게 힘든지 들여다봐야 돼요. 내가 어떻게 생각하느냐에 따라 감정은 관리가 됩니다. 그런데 모든 상황에서 '나 위해서 그랬겠지', '다 이유가 있었겠지' 긍정적인 회로만 돌리라는 게 아니라, 불편하고 부정적인 감정이 드는 상황에서 나의 감정을 선택하고 결정하는 사람은 나라는 것을 기억하면 된다는 거예요.

그래서 불편한 상황이 발생했을 때 내가 원하는 상태와 감정을 먼저 인식하면 그 상태와 감정에 맞는 생각을 선택할 수 있습니다. 어떤 감정에 취약한지를 알면 조금 더 멈춰갈 수 있어요.

그래서 관계를 잘 맺기 위해서는 '나'를 이해하는 것이 정말 중요하다고 하는 거죠. 내가 원하는 상태와 감정을 인식하는 것만으로도 더 나은 감정으로 이끌 수 있어요. 부정적인 감정을 애써 무시하거나 누른다고 해서 감정의 영향력에서 자유로워지지 않아요. 감정은 정신적인 것에만 머무는 게 아니라 실제 우리 삶에서 다양한 모습으로 영향력을 행사합니다. 나의 감정을 이해함으로써 '나와의 관계', '타인과의 관계'를 보다 유연하게 이끌 수 있습니다.

감정도
성장한다

늘 강조하는 말이지만 모든 감정들은 저마다 다 소중합니다. 나에게 일어나는 모든 감정들을 하나하나 존중해줬을 때 내가 제대로 살아갈 수 있어요. 감정은 평가하는 게 아니라, 존중하는 거예요.

그런데 감정을 존중하는 것이 감정을 터트리고 화와 분노를 표현하라는 것이 아니에요. 그 감정을 인정하는 거예요. '내가 이런 감정을 느끼고 있구나' 자신의 감정을 있는 그대로 바라보는 거죠. 감정을 부정하고 억압할 때 나타나는 현상이 어느 순간 감정을 폭발시키는 거예요. '괜찮아. 별거 아니야'라면서 감정을 억압한다면 몸에서 보내는 신호를 무시하는 거예요. 감정조절을 잘하는 사람은 지금 자신이 어떤 감정을 느끼는지 이해하고 있고, 이 감정을 어떻게 다루어야 할지 알고 있어요.

나의 생존을 위해서 슬픈 마음이 들 때 슬프다는 걸 내가 먼저 인정해줘야 돼요. 나에 대한 감정도 마찬가지고 다른 사람에게도 일어나는 감정 역시도 충분히 존중해줘야 해요.

"네가 이렇게 했을 땐 내가 정말 슬프더라고."

이렇게 감정을 전해야 상대방에게 저 사람은 저 상황에서 슬픔을 느끼는구나, 이해하거든요. 그런데 슬프게 한 거였는데도 "네가 나를 화나게 했던 거야" 말하면 전달의 오류가 생기죠.

우리의 감정은 그 즉시 생겨난 상태에서 그대로 같은 모습을 하고 있는 게 아니에요. 감정도 성장하고 발달합니다. 고정되어 있는 게 아니라 훈련하면서 더 세밀해져요. 그래서 정말 섬세하게 스스로 훈련할 수 있어야 돼요. 가령 하루 동안 일어난 감정에 대해서 써보는 '감정 일기'

나 자신의 감정이나 생각을 정리하는 '저널링'을 통해 감정을 발달시킵니다. 이러한 감정 관찰은 외부 상황보다는 마음에서 일어나는 감정과 생각에 주목하는 거예요.

'오늘 하루 반복적으로 느낀 감정은 무엇인가?'
'이 감정은 왜 일어났고, 어디에서 시작된 걸까?'
'내가 느낀 감정은 어떻게 이름 붙일까?'

상황과 그 감정에 대한 이름이 연결이 되어야 하는데 연습이 필요해요. 한걸음 뒤에 서서 감정을 관찰하고 감정의 이유를 찾아가보는 거죠. 이것은 혼자서도 할 수 있는 노력입니다.

상호작용으로 이루어져야 하는 노력도 있습니다. 감정은 다 드러나거든요. 어떤 감정이 도드라졌을 때 내가 왜 이런 감정을 느끼는지 모르겠는데 막 분노하고 화가 날 때가 있습니다. 객관적으로 이러면 안 될 것 같아서 스스로는 부정하는데도 화가 막 올라와요. 그러면 부정하지 말고 귀를 기울여야 돼요.

그렇게 화가 나고 이렇게 커질 수 있는 정당한 이야기

가 안에 들어 있는 거예요. 그 안에 무엇이 있다고 신호를 주니 왜 그런지 이야기해보는 거예요.

"이유 없이 그렇게 화가 나지는 않을 것 같은데, 천천히 찾아보자."

그러면서 현재 상황에 대해서 펼쳐놓기도 하는데 아무리 펼쳐놔도 그렇게 화날 거리가 아니거든요. 그러면 여러 가지를 또 펼쳐보는 거예요.

'내가 너무 보살핌을 받지 못한 거로 화가 난다면 내가 계속 케어받지 못한 게 쌓여 있었던 건 아닐까, 내가 오랫동안 소리 지르고 몸이 소진될 때까지 외쳤는데도 불구하고, 그 감정을 외면해서 이런 상황이 된 건 아닐까?'

내면으로 들어가보는 거죠. 그렇게 하다 보면, 그 감정은 정말 이해할 수 있는, 존중받아야 될 감정인 거지, 쓸데없는 감정이 아닌 거예요.

'어휴, 나 왜 이러지?'

'별일 아닌데 나 쓸데없이 왜 이러지?'

이런 말을 우리가 자주 하는데 알고 보면 어떤 것이 감정의 방아쇠인 '트리거'가 돼서 계속 눈물이 나기도 해요. 그렇다면 그 안에 뭐가 있는 거예요. 감정 버튼이 눌러진 겁니다. 그럼 잠시 멈추게 해요.

"진짜 화날 만한 뭐가 있는 것 같아요. 이 화에 대해서 더 집중적으로 우리 한번 얘기해봐요. 이 부분을 더 많이 알아갔으면 좋겠어요."

감정도 진화하고 성장해요. 좀더 세밀하게 감정을 다룰 수 있게 되면 많은 상황들이 편해집니다. 자신의 트리거를 알면 다음 상황에서는 조금 더 유연하게 대처할 수 있거든요. 이름을 붙이면서 조금 거리감을 갖는 거예요.

이런 경우가 있었어요. 어느 내담자가 초코파이를 보면 그렇게 화가 난다는 거예요. 왜 그런지 살펴보니 새어머니가 문자를 보내왔대요. "너 어렸을 때 초코파이 좋아했잖아. 초코파이 보니까 너 생각이 나서 문자 적는다"라고 하면서 연락을 한 거죠. 그런데 그 순간 굉장히 분노에 휩싸였어요.

분노가 치밀어 올라서 어쩔 줄 몰라 하니까, 왜 그러냐고 했더니 어려서부터 새어머니가 자기 먹는 것을 심하게 제어했다고 합니다. 너 통통해서 살찌니까 안 된다고 했대요. 그런데 너무 먹고 싶어서 용돈 모아서 몰래 사 먹다가 걸렸는데 야단맞을 때 수치스러움과 민망함, 야속함, 서러움이 다 쌓여 있는 거예요. 초코파이를 먹을 때마다 조마조마한 마음, 불안함을 표출하지 못하다가 커서는 그것만 보면 화가 밀려오는 거죠.

그래서 옆에 사람이 그 상황을 전혀 모르고 "또 초코파이 드시네요, 초코파이 엄청 좋아하시는구나" 이렇게 얘기하는데 새어머니가 떠올라 너무 화가 나서 견딜 수 없었다고 해요.

이러면 안 되는 거 알면서도 계속 발작 버튼이 걸린다는 거예요. 이럴 땐 자극과 반응 사이에서 연결되어 있는 것들을 끊어놓는 작업이 필요해요. 감정의 '거리두기'로 볼 수 있는데, 이것은 심리학적 용어로 '메타 모먼트Meta

208

Moment'라고도 합니다. 심호흡이나 자신을 '제3자처럼 쳐다보기' 같은 방법을 통해 바로 감정에 반응하지 않는 거예요.

우리가 감정을 손댈 수 없는 영역이라고 하지만, 사실 논리와 이성으로 감정을 훈련하고 조절할 수 있어요. 감정의 중요성을 인식하고, 반복되는 감정의 패턴을 조금씩 조정해가는 노력이 필요함을 느낍니다.

서로를 연결하는 방식,
긍정적인 소통에 대해

　너와 나, 우리를 연결시키는 매개체는 항상 대화예요. 왜냐면은 다른 사람이 어떻게 생각하는지 표현하지 않으면 모를 수 있거든요. 자기 생각에서 판단하고 기대하고 실망해요. 그래서 철저하게 나 아닌 모든 사람은 남이라는 걸 인정해야 돼요. 대화를 통해 서로 다른 사람들이 더듬더듬 어떻게라도 연결해보려고 애쓰는 거예요. 그 한계를 우리가 인정을 해야 돼요.

　우리는 대화를 통해 내용을 전하기보다 분위기나 태도를 전합니다. 내용을 이야기할 때 옳고 그름 따지는 건 의미가 없어요. 태도에서 '난 당신을 존중하고 난 당신을 사랑하고 당신을 믿는다' 이게 전달이 되어야 해요.

대화 내용 자체의 정답보다는 상호작용의 기류에서 오고가는 것이 있어요. 뒤통수를 딱 때리더라도 어떨 땐 친근함의 표현이기도 하고 또 어떨 땐 분노의 표현이기도 하듯이 그 순간의 정서가 있죠. 무조건 기분 나쁜 것이 아니라 그 순간의 상호작용에서는 다른 의미가 있는 것일 수 있어요.

우리가 대화를 할 때는 대화 기법도 중요하지만 나에 대한 믿음, 그리고 타인에 대한 믿음을 전달하는 것이 정말 중요해요. 그리고 대화 속의 긍정적인 이야기는 계속 반복하고 재활용하는 거예요.

제가 늘 말하는 것은 분화된 사람은 나도 존중하고 상대도 존중한다는 거예요. 그런데 어떻게 생각하면 저 사람은 그냥 쓱 쳐다보고 갔는데 '왜 저렇게 이상한 눈빛이야, 날 무시하는 거 같아' 하고 괴롭다면 그건 나를 들여다봐야 해요.

내가 왜 저 부분에 대해서 '이렇게 힘들어할까, 나의 요소는 무엇일까'를 보면 내가 갖고 있는, 나의 기대로 인해서 좌절된 부분이 있을 거예요.

‘나의 기대가 무엇이었는가.’

‘나는 구체적으로 어떤 기대를 했던 것일까?’

그런데 분화되지 않은 사람들을 보면 바라는 부분이 아주 명료해요.

‘너는 뭐 해야 돼, 너는 이렇게 했어야지, 내가 원하면 너는 거기를 갔어야지.’

분화된 사람은 나는 나의 상황이 있고 상대방은 또 상대방의 상황이 있다는 것을 알고 있습니다. 일방적으로 자기 안에서 생각하고 판단하지 않습니다. 이때 여기서 연결될 수 있는 도구가 대화인 거죠. 그래서 나의 상황과 입장을 전달합니다.

"나는 그래도 당신이 와주길 바랐는데 안 와서 실망스러웠어."

"거래처에서 일이 생겼는데 그거 해결하느라고 내가 너무 바빴어."

인류 공통적으로 사람들의 가장 큰 관심은 사람일 거예요. 그리고 관계를 맺는 방식의 가장 중심에 있는 것은 대화입니다. 그런데 이 대화법은 사람이 살아온 시간만큼 오랫동안 굳어져버린 형태이기 때문에 이것이 어떤 기능을 하는지 잘 인식하지 못할 때가 많아요. 그래서 대화할 때도 한번 자신의 방식을 돌아보는 게 좋아요.

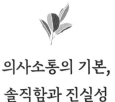

의사소통의 기본,
솔직함과 진실성

평생 마음이 맞지 않아서 불행하게 살던 노부부가 이혼을 하게 됐어요. 황혼 이혼을 했는데 이혼 소장에 도장을 찍고 법정에서 마무리를 하고 나오는데 남편이 아내에게 이렇게 말합니다.

"식사 때가 지났는데 우리 뭐 좀 먹고 가지. 마지막이라도 밥은 먹어야지."

그러면서 치킨을 사주었다고 해요. 그렇게 서로 어색하게 앉아 있다가 남편이 닭날개 하나를 쭉 찢어서 아내한테 주었어요. 그런데 아내가 마지막 순간에 그게 너무나 서운했대요. '퍽퍽한 닭날개를 주다니, 정말 너무하다. 마지막까지 나에 대한 배려는 전혀 없구나' 이런 마음이 들었던 거죠.

그런데 알고 보니까 남편은 닭날개가 제일 맛있는 부위라고 생각해서 아내를 위하는 마음에 준 거였어요. 저는 이 사례를 보면서 너무 안타까웠어요. 서로 마음은 있는데, 잘 전달되지 않아서 만들어진 오해였으니까요. 의사소통이라는 것은 결국은 잘 전달해야 하고 또 잘 전달받아야 합니다. 그런데 우리는 살면서 의사소통을 할 때 잘 전달하지 못하고, 또 알아듣지 못해서 갈등을 빚는 일이 정말 많습니다.

어느 날, 아내가 저녁에 텔레비전을 보다가 "저녁을 짜게 먹었는지 계속 갈증이 나네" 이렇게 얘기를 해요. 그럼 이 말은 어떤 의미를 갖고 있을까요? 곧 물을 더 가져다 달라는 의미죠. 이 말 안에는 내용 메시지와 관계 메시지가 있어요.

내가 실질적으로 하는 내용을 담은 것과 이 내용을 통해서 내가 너한테 요청 또는 부탁하는 관계 메시지가 있다는 거예요. 그런데 어떤 사람은 유독 관계 메시지에 예민하고 또 어떤 사람은 내용에만 아주 집중하는 경우가 있어요.

대화의 기능을 보자면 정서적 유대감을 느끼는 측면과 구체적인 문제 해결을 하는 측면이 있어요. 아내가 "아, 요즘 일도 너무 많고, 회사에 가기 싫어"라고 얘기를 했을 때 남편이 "아니, 그래도 회사는 가야지"라고 얘기한다면 문제 해결에 더 집중한 거죠. 그런데 아내의 마음은 정서적으로 공감받고 싶은 마음이 있는데, 문제 해결 측면으로만 이야기를 하니 속상했을 거예요. "그러게, 요즘 힘들어 보이더라. 일이 그렇게 많아서 어떡해"는 정서적 반응이죠.

그런 측면에서 문제해결 대화도 필요하고 정서적인 유대감도 필요해요. 우리가 관계를 맺을 때는 연결을 원해요. 그런데 이 연결은 다 의사소통으로 이루어져요. 의사소통은 상호 교류입니다. 일방적인 소통이 아닌 거죠. 대화를 하자고 했을 때 말을 하면 할수록 꼬이는 경우가 있어요. 한 마디에서 두 마디 넘어가는 게 너무 힘들어요. 그리고 이내 싸움으로 번집니다. 그럼 이 의사소통 안에 무엇이 잘못되었는지 파악하는 게 중요하겠죠.

가장 중요한 것은 '내가 원하는 것이 무엇인가'라는 것이 명확해야 합니다. 가장 문제가 되는 대화 중의 하나가 내가 내 마음을 표현할 때 인지적으로만 표현하는 경우가 있어요.

"내가 생각하기엔 오늘 한 행동은 잘못된 거야."

이치에 안 맞다고 이야기하는 것보다 더 깊은 본심은 '당신이 그런 행동을 했을 때 내 마음이 많이 불편했어. 서운했어. 화가 났어' 이 마음이 담긴 거거든요. 그런데 그 마음을 표현하지 못하고 논리로만 얘기를 하는 거죠.

"내가 뭘 이상하게 했어. 뭐가 이치에 안 맞아. 그 말뜻이 뭐야?"

이렇게 대화가 꼬이게 됩니다. 감정을 나누기 위한 대화는 직접적으로 내 감정을 표현해야 돼요. 말하기 기술에 필요한 부분인데 구체적인 상황에서 상세한 행동을 보면서 내가 느낀 감정을 이야기해야 돼요.

"아까 부모님 앞에서 나에 대한 이야기했을 때 내 마음이 많이 서운했어."

그렇게 얘기를 하면 그 이야기는 상대방이 듣게 되어 있어요. 잘 들리는 이야기거든요.

"아까 부모님 계실 때 그렇게 얘기하는 게 맞다고 생각해?"

이렇게 말하게 되면 방어 합리화가 되죠.

"왜 그렇게 말하면 안 되는 이유가 뭐가 있어? 내가 틀린 말했어?"

이러면 제대로 된 대화가 이루어지지 않습니다. 중요한 것은 대화를 통해 상대방의 의도를 잘 알아들을 수 있어야 해요. 잘 듣는다는 건, 정말 자기를 비우고 상대방의 말에 귀를 기울이는 거예요. 눈을 바라보고 마음을 이해하며 듣는 거예요.

"듣고 있어. 다 들리니까 이야기해" 신문 보면서, 핸드폰 보면서 듣는 건 정말 듣는 게 아니에요. 대화에서 듣는 효과의 힘은 놀라워요. 듣지 않고 각자 자기 말만 한다면 그 말들은 다 허공에서 사라집니다. 대화 기술에서는 말하는 기술과 듣는 기술, 둘 다 매우 중요합니다.

경청은 우리가 하는 의사소통에서 최상위의 대화 기술이라고 생각해요. 집중하여 듣게 되는 경청은 상대방의 마음을 움직여 대화하게 만들어요. 듣는 사람은 말하는 사람을 통해 배우고, 말하는 사람은 듣는 사람을 통해 치유됩니다.

그런데 제가 가족치료에서 매우 중요하게 생각하는 문제 대화가 있어요. 바로 '이중속박 대화'라고 하는데요. 대화를 하는데 두 군데로 다 걸려 있어요. 예를 들어서 아이가 집에 늦게 귀가를 했어요. 그래서 엄마가 화가 났어요. 그러면서 들어온 아이한테 다짜고짜 하는 얘기가 "너 나가!" 입니다. 그럼 그 이야기를 아이가 듣고 그 말 그대로 나가면 틀린 거죠. 그런데 안 나가도 틀려요. "나가라는데 너 왜 여기 서 있어" 이렇게 되는 거죠.

부모들이 아이에게 그렇게 말하죠. "너 좀 스스로 알아서 해" 그런데 스스로 알아서 해도 부모 눈에는 안 들어와요. 아무것도 안 하는 것 같아요. 딱 부모가 원하는 걸 해야 되는데 그걸 하는 게 아니거든요. 그런데 아이의 입장에서는 스스로 하는 거예요. 그러면 부모 눈치 보면서 부모에게 맞춰주기 위해서 해야 하는 거죠. 이런 것들이 다 이중속박 구조예요.

그런데 의외로 우리가 이런 대화를 참 많이 하고 있어요. 이중속박 대화를 하는 이유는 말하는 사람이 자기 스스로 불안한 거예요. 그래서 스스로 솔직하게 얘기할 수 없는 거예요.

제 경우를 들어볼게요. 아이가 어렸을 때 학원을 다니는데 한 3개월 다니더니, 안 다닌대요. 그래서 제가 아이에게 그랬어요.

"그래, 네가 알아서 해. 엄마는 절대로 강요 안 해. 그런데 엄마 생각은 그래. 뭐든 한 번 하면 오래하는 거, 꾸준히 하는 게 정말 중요하다고 생각해. 그런데 엄마는 강요 안 할게."

이게 바로 이중속박 대화인 거죠. 사람을 굉장히 불편하게 하는 대화예요. 그러자 아이가 눈물이 그렁그렁하면서 저에게 그래요.

"엄마가 지금 나한테 강요하고 있잖아."

그 말을 듣고 제가 정신을 차렸어요. 아차 싶어 제가 더 솔직하게 말을 했어요.

"엄마는 조금 배우다가 그만두는 게 걱정이 돼. 너가 더 오래 했으면 좋겠어."

제가 먼저 했던 대화는 아주 건강하지 못한 대화인 거죠. 대화는 항상 진정성과 솔직함이 있어야 돼요. 가까운 관계의 대화일수록 더욱 더 마음, 정서, 감정을 담은 대화를 많이 해야 합니다.

지금 여기,
너와 나에 대해서 집중하자

　'히어 앤 나우Here and Now'는 늘 강조하는 이야기입니다. 우리에게 문제 상황이 발생했을 때 어떤 해결책이든 현재에 집중해야 합니다. 지금, 여기서 내가 원하는 것을 바로 보아야 합니다.

　그리고 상대방과 문제가 생기면 '너와 나' '우리'에게 집중해야 해요. 나와 남과의 관계에서 자신의 옳음을 증명하기 위해서 남을 끌어들이는 것을 '삼각화'라고 해요. 그런데 이건 반드시 조심해야 돼요. 이것이 미분화를 만드는 안 좋은 지름길이에요. 자신이 불안할수록 삼각관계를 만들려는 노력은 강렬해져요. 그런데 분화 수준이 높을수록 삼각관계를 만들지 않고 긴장과 불안을 다룰 수 있습니다. 부부 갈등이 있을 때 자기가 옳다는 걸 이야기하기 위해서 자녀를 끌어들여요.

'애도 맞다고 하잖아. 지나가는 사람도 다 내가 옳다고 할 걸.'

저도 가끔 유혹을 느껴요. 기분 나쁠 때 다른 누군가를 끌어들여서 이해받고 싶어요. 또 아이에게도 그런 말하고 싶을 때가 있어요. 그런데 아이한테만큼은 절대 하지 말아야 해요. 아이들의 눈이 제일 정확하고 본능적으로 경각심을 느껴요

아이뿐만 아니죠. 두 사람의 갈등은 불안을 야기해요. 불안을 못 견디는 사람은 반드시 누군가를 끌고 와요. 그리고 여기서 위안을 받아요. 마음의 안정을 찾기 위한 '가짜 친밀감'이에요. 두 사람 이야기를 해야 하는데 '다른 사람 이야기'를 끌어와서 관계를 더 공고히 하려고 합니다. 때로는 자신을 정당화하려고 '제3자'가 얼마나 모순적이고 비합리적인지 이야기하면서 정당한 '우리'로 묶으려고 하지만 두 사람 관계에서 절대 득이 될 수 없어요.

이 상황, 이 순간 안에서 '너와 나', '바로 지금 우리'에 집중해야 돼요. 과거의 것보다 현재의 것이 더 힘이 있어요. 싸움에도 더 안 좋은 싸움이 있는데요. 바로 현재의 갈등에 집중하지 않고 과거의 것들을 끌어내는 거예요. '지난번에 그랬잖아. 예전에 그랬잖아' 그러다 보면 현재의 갈등을 해결하지도 못한 채 갈등의 크기는 더욱 커집니다. 그런 것들을 알지 못하고 훈련하지 않으면 관계에서 많은 것을 놓치게 돼요. 그래서 '너와 나'의 관계에서 어떤 것을 집중하고, 어떤 방식으로 잘 맺을 것인가를 돌아보는 게 필요해요.

관계의 본질은 또 있어요. 관계는 양적으로 결정되는 것이 아니라, 질적인 깊이에 의해 정해집니다. 많은 사람들 속에 있어도 우리는 외로움을 느끼죠. 누군가가 나를 온전히 수용하고 그 마음을 공감해주고 이해받는다고 느낄 때 우리는 살아갈 힘을 얻죠. 그래서 그런 관계의 중심에 있는, 가까운 관계, 깊은 관계를 더 돌아보게 됩니다.

우리가 살아가면서 가장 행복하고, 또 가장 아픈 경험은 관계 때문에 일어납니다. 그래서 우리는 더욱 존중의 힘을 알고 있는 사람을 곁에 두어야 해요. 각기 다른 존재

임을 인정할 줄 아는 것, 관계에서 존중은 기본이자, 관계
를 오랫동안 유지하는 힘이 되어주기 때문이에요.

상호 관계 패턴의 변화는
어떻게 만들까

우리는 상대를 바꿀 수 없으며 그것은 내가 통제할 수 없는 영역의 일이기도 해요. 그럼 나의 생각과 선택에 변화를 줘야겠죠. 나의 패턴을 통제하려면 어떤 부분이 핵심 키워드인지 알아야 해요. 모든 것을 바꿀 수는 없어요. 하지만 중요한 몇 가지만 바뀌어도 많은 것이 달라져요. 변화의 주체, 통제할 수 있는 곳은 오직 자신의 삶뿐이거든요. 관계는 상호적이에요. 내가 바뀌면 관계 속에서 새로운 물꼬가 트이는 것을 기대할 수 있는 거죠.

어떤 부부가 있는데 남편이 심리적으로 불안정한 사람이었어요. 어느 지점을 건드리면 심한 욕을 해요. 아내가 패닉 상태가 될 정도로 욕을 하니 너무 힘든 거죠. 가끔 한 번씩 그럴 때마다 저 사람이 병 때문에 그렇다고 생각하면서도 감당하기는 너무 괴로워서 저를 찾아왔어요.

그래서 제가 물어봤어요. 그럼 그 상태에서 어떻게 하느냐고 물어봤더니, 자신은 차분하게 설명을 한다고 해요.

"여보, 이 상황에서는 이게 맞아. 당신 행동은 여기서 이 부분이 어긋난 거야. 난 이렇게 판단했고, 당신을 뭐라고 하려고 하는 말이 아니야."

그런데 이런 말을 하면 더 남편이 길길이 날뛴다는 거죠. 그래서 제가 그랬어요.

"설명을 한다고 하지만 내용적인 차원을 떠나서 관계 메시지에서는 '당신 지금 틀렸어'가 되거든요. 상대방은 그게 일종의 무시고 지적이라고 받아들이는 것 같아요."

그런데 아내는 이런 일을 당하면 무너져버립니다. 그게 수십 년 동안 이어지고, 관계가 개선되지 않으니 어떻

227

게든 해결해보려고 저를 찾아온 거예요. 아내는 남편과 헤어질 수도 없고, 잘 지내보고 싶다고 해요. 그래서 이 메시지는 통하지 않으니 다른 방법을 써보자고 했어요.

가족치료 방법 중에서 '나 입장 취하기 기법'이란 게 있습니다. 상대방의 행동이나 말에 대해서 비난 또는 지적, 평가하는 대신 자신이 무엇을 느끼는가에 비중을 두어 자신의 생각과 감정을 표현하는 방법이에요. 이 기법의 목적은 상대방에게 책임을 묻는 것이 아니라, 자신의 감정을 표현함으로써 악순환적인 대응적 반응을 비켜가는 거예요.

"이제부터는 이상한 욕설을 퍼부을 때 절대로 설명하지 않는 거예요. 대신 그때 남편을 지긋이 바라보는 반응을 해보는 거예요. 그럴 때 피하지도 않고 시선으로 반응을 해보세요. 그런 다음 자신의 생각을 표현해보는 방법을 써보기로 해요."

아무리 욕을 하고 무시하더라도 쳐다보는 것으로 반응해보겠다고 수긍을 했어요.

'당신도 참 안 됐다. 자기 안의 분노를 다루지 못하고 쩔쩔매

고 있구나.'

그동안 즉각적으로 일어났던 비난하는 마음을 잠시 누르고 남편을 바라보았대요. 그런데 예상 못한 상황에 남편의 반응이 조금 다르더라는 거예요. 분노를 표출하는 모습도 잠잠해지고, 행동의 강도도 줄어들었습니다. 그후 조금씩 남편의 행동이 달라지는 독특한 경험을 했어요. 그동안 없었던 일이거든요.

〈쿼바디스〉 영화를 보면서 제가 느낀 것이 있어요. 그 영화에서 탐욕스러운 표정의 로마 병사가 술에 취해 예수님을 가혹하게 더럽히고 때립니다. 그러다가 예수님과 어느 순간 눈이 마주쳤어요. 그런데 이 병사가 갑자기 술병과 채찍을 놓고 막 도망을 가요. 그 상황에서 예수님은 '나도 소중한 존재고 너도 소중한 존재야', '어떤 것이 부끄러움인지는 알아야지' 그런 눈빛을 아주 짧은 시간 안에 전달해요. 그것을 가져와서 상상해봤으면 해요. 누군가 나를 함부로 했을 때 우린 어떤 눈빛을 주고 있을까? 너와 나를 동시에 살리는 눈빛, 이게 분화된 사람의 눈빛일 것 같아요. 물론 이 정도로 성인의 경지에 이른 눈빛을 보내는 것은 힘들지만 이런 변화의 힘은 어디에서 오는 것일까를 생각해보는 거예요.

관계를 풀어가는 핵심 주체는 나예요. 가까운 관계에서 우리는 주로 반응적 태도를 보여요. '이 사람은 이렇게 나올 거야. 늘 그래왔으니 그럴 거야. 그럼 그렇지.' 이러면서 상호 악순환이 반복됩니다. 그런데 자신에게 초점을 맞추어서 상호작용을 해보는 겁니다. 사람과 사람의 관계에서는 공간이 존재해요. 이 공간으로 인해 많은 것들이 달라질 수 있습니다. 이전에 하던 방식이 아닌, 내가 정한 나의 방식으로 관계를 맺어나가는 거예요. 그리고 변화된 나를 통해 새로운 경험을 할 수 있었으면 합니다.

가까운 존재,
안전기지에 대하여

가까운 관계가 든든한 '안전기지'가 되기 위해서는 이 메시지를 주어야 한다고 생각해요.

"세상이 너를 외면한다고 느낄 때, 무언가를 간절히 나누고 싶을 때, 홀로 남겨진 것 같을 때 너의 곁에는 내가 있을게. 나는 네 편이고 내가 너를 지지하고 있어."

이것은 자녀로 태어난 우리가 받아야 했던 메시지이고, 부모라면 아이에게 주어야 할 핵심 메시지입니다. 세상에 태어나 관계의 기초가 되었던 이 메시지를 우리는 살아가면서 가까운 관계에 심어줍니다. 이 메시지를 통해 우리는 살면서 어려움이 생기고 좌절하는 때라도 견디고 일어설 수 있습니다.

오랫동안 해로한 아버지가 몇 년 전에 돌아가셨는데 어머니는 아버지를 그리워는 하시지만 아버지의 죽음조차도 "평생 성실하고 정직하게 옳은 것을 추구하면서 남들에게 도움을 주신 분. 좋은 마음을 가진 채로 아름다운 삶을 사신 분. 그런 남편과 함께 해서 내 삶마저도 아름답게 만들어주신 분"이라고 하세요.

어머니는 끝까지 아버지 곁에서 함께해주셨고, 돌아가시기 직전까지도 어머니에게 "사랑한다"는 말을 남기고 가셨고, 그것을 깊이 간직하고 계세요. 아버지의 이야기를 하시면서 "너무 허전해. 외로워"라고 하시지 않고 아버지가 남긴 좋은 기억들을 삶의 자양분으로 다시 심어놓으신 거죠.

가까운 관계에서 가장 필요한 것이 무엇일까, 또 좋은 배우자에게 필요한 것이 무엇일까를 생각해보면 함께 있을 때의 편안함이 아닐까 싶어요. 한순간이 아닌 평생을 함께하기에 그 사람 앞에서 불편하지 않고, 나로서도 충분히 괜찮은 마음으로 다가갈 수 있는 존재로 말이죠.

애쓰지 않아도, 노력하지 않아도, 있는 그대로 존중받는 느낌. 그것이 편안한 우리의 안전기지가 되는 거죠. 저는 늘 특별한 삶의 이벤트보다 일상의 소소한 행복이 그 사람의 행복한 인생을 좌우한다고 말하는데요. 벅차고, 흥분되는 일상보다는 안정과 편안함을 선물하는 사람들과 우리가 함께 해야 된다고 생각해요. 그런 편안함이 가장 나를 나답게 만드는 힘이 될 테니까요.

가깝고 중요한 관계는 두 사람이 같은 하나가 되는 것이 아니라, 상대가 나와 다른 사람임을 이해하고 인정하는 거예요. 친밀하다는 것은 상대의 감정, 생각, 취향이 다름을 인정하고 그 자체를 존중하는 거예요. 이렇게 관계를 이루어가는 과정이 곧 우리가 완성해야 할 관계를 맺는 모습입니다.

내 안에 살아 있는
관계 유산 ⓒ 이레지나, 2024

초판 1쇄 펴낸날 2024년 11월 15일

지은이 이레지나
펴낸이 배경란 오세은
펴낸곳 라이프앤페이지
주소 서울시 종로구 새문안로3길 36, 1004호
전화 02-303-2097
팩스 02-303-2098
이메일 sun@lifenpage.com
인스타그램 @lifenpage
홈페이지 www.lifenpage.com
출판등록 제2019-000322호(2019년 12월 11일)
디자인 어나더페이퍼

ISBN 979-11-91462-31-9 03180